AF217649

Tucholsky Wagner Zola Scott Sydow Freud Schlegel

Turgenev Wallace Fonatne

Twain Walther von der Vogelweide Fouqué Friedrich II. von Preußen

Weber Freiligrath

Fechner Fichte Weiße Rose von Fallersleben Kant Ernst Frey

Richthofen Frommel

Engels Fielding Hölderlin

Fehrs Faber Flaubert Eichendorff Tacitus Dumas

Eliasberg Ebner Eschenbach

Feuerbach Maximilian I. von Habsburg Fock Eliot Zweig

Ewald Vergil

Goethe Elisabeth von Österreich London

Mendelssohn Balzac Shakespeare Dostojewski Ganghofer

Trackl Lichtenberg Rathenau Doyle Gjellerup

Stevenson Hambruch

Mommsen Tolstoi Lenz Droste-Hülshoff

Thoma Hanrieder

Dach Verne von Arnim Hägele Hauff Humboldt

Reuter Rousseau Hagen Hauptmann Gautier

Karrillon Garschin

Damaschke Defoe Hebbel Baudelaire

Descartes Hegel Kussmaul Herder

Wolfram von Eschenbach Dickens Schopenhauer Rilke George

Darwin Melville Grimm Jerome

Bronner Campe Horváth Aristoteles Bebel Proust

Bismarck Vigny Barlach Voltaire Federer Herodot

Gengenbach Heine

Storm Casanova Tersteegen Grillparzer Georgy

Chamberlain Lessing Langbein Gilm Gryphius

Brentano Lafontaine

Strachwitz Claudius Schiller Kralik Iffland Sokrates

Katharina II. von Rußland Bellamy Schilling

Gerstäcker Raabe Gibbon Tschechow

Löns Hesse Hoffmann Gogol Wilde Vulpius

Luther Heym Hofmannsthal Gleim

Klee Hölty Morgenstern

Roth Heyse Klopstock Kleist Goedicke

Luxemburg Puschkin Homer Mörike

La Roche Horaz Musil

Machiavelli

Navarra Aurel Musset Kierkegaard Kraft Kraus

Lamprecht Kind Moltke

Nestroy Marie de France Kirchhoff Hugo

Laotse Ipsen Liebknecht

Nietzsche Nansen Ringelnatz

Marx Lassalle Gorki Klett

von Ossietzky May Leibniz

vom Stein Lawrence Irving

Petalozzi Platon Knigge

Sachs Pückler Michelangelo Kafka

Poe Liebermann Kock

de Sade Praetorius Mistral Zetkin Korolenko

Der Verlag tredition aus Hamburg veröffentlicht in der Reihe **TREDITION CLASSICS** Werke aus mehr als zwei Jahrtausenden. Diese waren zu einem Großteil vergriffen oder nur noch antiquarisch erhältlich.

Symbolfigur für **TREDITION CLASSICS** ist Johannes Gutenberg (1400 — 1468), der Erfinder des Buchdrucks mit Metalllettern und der Druckerpresse.

Mit der Buchreihe **TREDITION CLASSICS** verfolgt tredition das Ziel, tausende Klassiker der Weltliteratur verschiedener Sprachen wieder als gedruckte Bücher aufzulegen – und das weltweit!

Die Buchreihe dient zur Bewahrung der Literatur und Förderung der Kultur. Sie trägt so dazu bei, dass viele tausend Werke nicht in Vergessenheit geraten.

Die Menschenaffen

Alfred Brehm

Impressum

Autor: Alfred Brehm
Umschlagkonzept: toepferschumann, Berlin

Verlag: tradition GmbH, Hamburg
ISBN: 978-3-8424-8870-0
Printed in Germany

Text der Originalausgabe

Vorwort des Herausgebers

Wie die »Säugetiere« (Univ.-Bibl. 6324), so ist auch der vorliegende Band dem berühmten »Tierleben« Brehms entnommen, und zwar der zweiten, der letzten vom Verfasser herausgegebenen Auflage, deren Inhalt sich in allem wesentlichen noch mit dem der um die Jahrhundertwende erschienenen dritten Auflage deckt. Von Grund aus umgestaltet und größtenteils ganz neu geschrieben wurde erst die jetzt vorliegende vierte Auflage, die nicht mehr wie die früheren zehn, sondern dreizehn starke Bände umfaßt.

Abgesehen von einigen durch die gesonderte Herausgabe des Abschnitts »Menschenaffen« bedingten Kürzungen ist auch in diesem Bande der Brehmsche Text wörtlich wiedergegeben, in der festen Überzeugung, daß dessen packende Lebendigkeit und Anschaulichkeit, die den eigentlichen Reiz des ursprünglichen »Tierlebens« ausmachte, auch heute durchaus noch imstande ist, den Leser zu fesseln und zu erfreuen, wie groß auch die Summe der neuen Beobachtungen und Erfahrungen sein mag, die seit seinem ersten Erscheinen gemacht worden sind. Über das Freileben der Menschenaffen wissen wir übrigens heute beinahe noch ebensowenig wie zu Lebzeiten Brehms. Das wichtigste Neue, das in den letzten Jahren auf dem Gebiet der Menschenaffenkunde hinzugekommen ist: die Ergebnisse der Intelligenzprüfungen an Schimpansen, die in der mit Unterstützung der Preußischen Akademie der Wissenschaften von 1912–1920 auf Teneriffa unterhaltenen Menschenaffenstation von ausgezeichneten Fachleuten vorgenommen wurden, hat der Herausgeber geglaubt, in einem besonderen Anhang berücksichtigen zu sollen, sind sie doch gleichsam eine posthume Bestätigung dessen, was Alfred Edmund Brehm von der Tierseele sagte. Nicht weniger willkommen wird dem Leser die Schilderung des ersten lebend nach Europa gelangten Gorillas sein, des berühmten »Mpungu« der deutschen Loango-Expedition, zumal sich in den früheren Nachrichten über diese größte Menschenaffenart noch vielfach Dichtung und Wahrheit verquickten.

Leipzig, August 1921.

Carl W. Neumann.

Vor mehr als zweitausend Jahren rüsteten die Karthager eine Flotte zu dem Zwecke aus, Ansiedelungen an der Westküste von Afrika zu gründen. Auf sechzig großen Schiffen zogen ungefähr dreißigtausend Männer und Frauen zu diesem Behufe von Karthago aus, versehen mit Nahrung und allen Gegenständen zur Ansässigmachung. Der Befehlshaber dieser Flotte war Hanno, welcher seine Reise in einem kleinen, aber wohlbekannten Werke (dem »*Periplus Hannonis*«) der damaligen Welt beschrieb. Im Verlaufe der Reise gründete die Mannschaft jener Schiffe sieben Ansiedelungen, und nur der Mangel an Nahrungsmitteln zwang sie, früher als man wollte, zurückzukehren. Doch hatten die kühnen Seefahrer die Sierra Leone bereits hinter sich, als dieses geschah. Jener Hanno nun hinterließ uns in seinem Berichte eine Mitteilung, welche auch für uns von Wichtigkeit ist. Die betreffende Stelle lautet: »Am dritten Tage, als wir von dort gesegelt waren und die Feuerströme durchschifft hatten, kamen wir zu einem Busen, das Südhorn genannt. Im Hintergrunde war ein Eiland mit einem See und in diesem wieder eine Insel, auf welcher sich wilde Menschen befanden. Die Mehrzahl derselben waren Weiber mit haarigem Körper, und die Dolmetscher nannten sie Gorillas. Die Männchen konnten wir nicht erreichen, als wir sie verfolgten; sie entkamen leicht, da sie Abgründe durchkletterten und sich mit Felsstücken verteidigten. Wir erlangten drei Weibchen; jedoch konnten wir diese nicht fortbringen, weil sie bissen und kratzten. Deshalb mußten wir sie töten; wir zogen sie aber ab und schickten das abgestreifte Fell nach Karthago.« Die Häute wurden dort später, wie Plinius berichtet, im Tempel der Juno aufbewahrt.

Es unterliegt wohl keinem Zweifel, daß Hanno unter den wilden behaarten Menschen nur einen Menschenaffen meinen kann, und wenn er auch vielleicht den Schimpansen vor Augen gehabt hat, sind wir doch berechtigt, den riesigsten aller Affen Gorilla zu nennen.

Der Gorilla (*Gorilla gina*), »Njina« oder »Ingiine« der Eingeborenen, Vertreter einer besonderen Gattung oder doch Untergattung, ist zwar etwas kleiner, aber bei weitem breitschulteriger als ein starker Mann. Laut Owen beträgt beim erwachsenen Männchen die Höhe von der Sohle bis zum Scheitel 1,65 *m*, die Breite von einer

Schulter zur anderen 95 *cm*, die Länge des Kopfes und Rumpfes zusammengenommen 1,08 *m*, die der Vorderglieder 1,08 *m*, der Hinterglieder bis zur Ferse 75 *cm*, bis zur Spitze der Mittelzehe aber 1,5 *m*. Die Länge und Stärke des Rumpfes und der Vorderglieder, die unverhältnismäßige Größe der Hände und Füße sowie die durch Bindehaut größtenteils vereinigten mittleren Finger und Zehen sind die bezeichnendsten Merkmale. Der Umriß des Kopfes bildet von dem stark hervortretenden Augenbrauenbeine an nach dem Scheitel zu anfänglich eine etwas eingesenkte, später sanft gewölbte Linie, steigt am Scheitel auf und fällt nach dem Nacken zu gerade ab. Der Brauenbogen wird durch die aufliegende dicke Haut und starke Behaarung noch weiter vorgerückt und läßt das kleine, braune Auge um so tiefer zurücktreten. Die Nase ist flachgedrückt, in der Mitte der Länge nach eingebuchtet und an ihren Flügeln sehr verbreitert, tritt aber, der weiten, schief nach vorn und oben geöffneten Nasenlöcher halber, an ihrer Spitze merklich hervor. Das breite Maul wird durch dicke Lippen geschlossen, welche kürzer und minder beweglich sind als bei anderen Menschenaffen und mehr mit denen des Menschen übereinstimmen. Das Kinn würde seiner Kürze halber zurücktreten, wäre nicht der ganze Unterteil des Gesichtes vorgeschoben. Das ziemlich weit nach hinten, in gleicher Höhe mit den Augen gelegene Ohr ist verhältnismäßig kleiner als das des Schimpansen, jedoch vergleichsweise größer als das des Menschen, diesem ähnlicher als das irgendeines anderen Affen; Leiste wie Gegenleiste, Ecke wie Gegenecke ist wohlentwickelt und selbst ein zwar kleines, aber entschieden hängendes Läppchen vorhanden. Der kurze Hals bildet hinten wegen der langen, mit mächtigen Muskeln überdeckten Wirbelfortsätze mit Hinterkopf und Rücken eine gerade Linie, trennt sich daher nur seitlich und vorn vom Rumpfe ab, so daß der Kopf unmittelbar auf letzterem zu sitzen scheint. Der Rumpf selbst fällt ebensowohl durch seine außerordentliche Stärke wie seine im Vergleiche zu dem des Menschen unverhältnismäßige Länge auf; der mächtige Brustkasten ist ungemein geräumig, die Schulterbreite fast unmäßig, der Rücken sanft gebogen, ohne daß die Schulterblätter hervortreten, der Bauch allseitig gewölbt. Die Glieder unterscheiden sich wesentlich von denen des Menschen durch die gleichmäßige Stärke ihrer einzelnen Teile, indem dem Oberarme die Anschwellung, dem Schienbeine die Wade gänzlich fehlt. Verhältnismäßig ist der Oberarm länger, der ganze Arm aber kürzer als bei anderen Menschenaffen, unter Berücksichtigung der Rumpflänge vergleichsweise nicht viel länger als beim Menschen, obgleich dies der in der Entwicklung zurückgebliebenen Beine halber den Anschein hat. Der Unterarm geht ohne erhebliche Verschmächtigung in die ebenso kurze wie breite und dicke, wegen ihres langen Tellers ausgezeichnete Hand über, deren drei überaus dicke und kräftige, gleichsam geschwollene Mittelfinger bis zu dem dritten Gliede durch eine Bindehaut vereinigt sind, also höchstens zwei Glieder frei bewegen können, und Nägel tragen, welche zwar denen der Menschenhand an Größe gleichkommen, im Verhältnisse zu den Fingern aber klein erscheinen; der Daumen ist wie bei allen Menschenaffen schwach und kurz, kaum halb so lang wie jeder andere Finger. Mit denen der Verwandten verglichen, erscheinen der Oberschenkel stark, der Unterschenkel dagegen ebenso kurz wie schwach, der Fuß kurz und unförmlich breit, die an ihrer Spitze verbreiterte, sehr bewegliche Daumenzehe, welche unter einem Winkel von sechzig Graden zu den anderen steht, verhältnismäßig stark und lang, die übrigen Zehen, unter denen die dritte die längste, die letzte sehr verkürzt ist und deren zweite bis vierte unter sich ebenfalls größtenteils durch Haut verbunden sind, jener gegenüber kurz und schwach. Das gewellte, entfernt an Wolle erinnernde Haar läßt das Vordergesicht nach oben bis zu den Augenbrauen, seitlich bis zur Mitte der Jochbogen, nach unten hin bis zum Kinne, das Ohr, die Hand und den Fuß seitlich und, soweit Finger und Zehen nicht vereinigt sind, auch unten gänzlich frei, bekleidet dagegen ziemlich regelmäßig den übrigen Leib, Oberkopf, Nacken, Schultern, Oberarme sowie Ober- und Unterschenkel am dichtesten, Brust und Bauch am spärlichsten, ist bei alten Tieren aber auch auf Mittel- und Unterrücken gewöhnlich abgerieben und hat, mit Ausnahme des Unterarmes, seinen Strich von vorn und oben nach hinten und unten, am Unterarme dagegen von unten nach oben. Alle nackten Teile haben graulich-schieferschwarze, die mit Haaren bekleideten Hautteile dunkellederbraune, die Haare dagegen verschiedene, schwer zu beschreibende Färbung. Ein düsteres Dunkelgrau, hervorgebracht durch wenige rötliche und viele graue Haare, herrscht vor; die Mischung beider Farben wird gleichmäßiger auf Oberkopf und Nacken, weshalb diese Teile deutlich graurot aussehen; auf dem Rücken kommt mehr das Grau, an den inneren Schenkelseiten das Braun zur Geltung. Einige wenige weiße Haare finden sich am Gesäße. Männchen und Weibchen unterscheiden sich nicht in der Färbung, Alte und Junge anscheinend nicht wesentlich.

Die Zähne sind sehr kräftig, die Eck- oder Hundszähne kaum weniger als bei Raubtieren entwickelt; der hinterste untere Backenzahn zeigt drei kleine äußere und zwei innere Höcker nebst einem hinteren Anhange. Das Geripp entspricht Hinsichtlich seiner Massigkeit der Größe des Tieres. Der ungeheure Schädel fällt besonders auf durch die Länge und Schmalheit des seitlich sehr zusammengedrückten, hinten eckig vortretenden, innen kleinen, d. h. wenig geräumigen Hirnteiles, den mächtig entwickelten Scheitelkamm des Männchens, die weit vortretenden Brauen und Jochbogen und den riesigen Unterkiefer, das Arm- und Handgerüst durch seine gewaltige Stärke, der von dreizehn Rippenpaaren umschlossene Brustkasten durch seine Weite.

Bis jetzt ist es noch nicht möglich gewesen, den Verbreitungskreis des Gorilla genau abzugrenzen, insbesondere wissen wir nicht, wie weit er sich in das Innere Afrikas erstreckt. Einstweilen haben wir die zwischen dem Gleicher und dem fünften Grade südlicher Breite gelegenen Länder der Westküste Afrikas als seine Heimat, die von den Flüssen Gabun, Muni und Fernandovaz durchschnittenen Urwaldungen als seine Aufenthaltsorte anzusehen.

Abgesehen von Hanno, berichtet zuerst Andreas Battell über die großen Menschenaffen Westafrikas. Gelegentlich der Beschreibung von Mayumba und des an der Loangoküste mündenden Stromes, welchen er Banna nennt, sagt er: »Die Wälder sind derartig überfüllt mit Pavianen, Meerkatzen, Affen und Papageien, daß sich jedermann fürchtet, in denselben zu reisen. Namentlich gilt dies für zwei Ungeheuer, welche in diesen Waldungen leben und im höchsten Grade gefährlich sind. Das größte dieser Scheusale wird von den Eingeborenen ›Pongo‹, das kleinere ›Ensego‹ genannt. Der Pongo hat den Gliederbau eines Menschen, ähnelt aber eher einem Riesen als einem Manne; denn er ist sehr groß und besitzt zwar das Antlitz eines Menschen, aber hohlliegende Augen, welche von langen Brauenhaaren überdeckt werden; Gesicht und Ohren sind haarlos, die Hände ebenfalls, der Leib dagegen ist, wenn auch nicht gerade dicht, mit Haaren bekleidet, welche eine düstere Färbung haben.

Vom Menschen unterscheidet er sich nur durch seine Beine, welche keine Waden zeigen. Er geht stets auf seinen Füßen und hält, wenn er auf dem Boden läuft, seine Hände zusammengeklammert im Nacken. Er schläft auf Bäumen und baut sich Dächer gegen den Regen. Sein Futter besteht aus Früchten, welche er in den Wäldern findet, auch wohl aus Nüssen; Fleisch ißt er niemals. Sprechen kann er nicht, und sein Verständnis ist nicht größer als das eines Viehes. Haben die Eingeborenen, welche die Wälder durchreisen müssen, nachts ein Feuer angezündet, so erscheinen die Pongos am Morgen, sobald jene das Lager verlassen, und sitzen am Feuer, bis dieses ausgeht; denn sie verstehen nicht, daß man, um es zu erhalten, Holz zulegen muß. Oft vereinigen sie sich zu Gesellschaften und töten manchen Neger im Walde, oft auch überfallen sie Elefanten, welche weidend in ihre Nähe kommen, und schlagen sie so mit ihren mächtigen Fäusten, daß sie brüllend davonlaufen. Niemals kann man diese Pongos lebend bekommen, weil zehn Männer nicht imstande sind, sie festzuhalten; doch erlegt man viele ihrer Jungen mit vergifteten Pfeilen. Der junge Pongo klammert sich so fest an den Leib seiner Mutter, daß die Eingeborenen, wenn sie das Weibchen erlegen, auch das Junge erhalten, welches die Mutter nicht verläßt. Stirbt eines dieser Ungeheuer, so bedecken es die übrigen mit einem großen Haufen von Zweigen und Holz; solche Haufen findet man viele in den Wäldern.«

Später erwähnt ein Schiffsführer, welcher sich längere Zeit an der Westküste Afrikas aufgehalten hat, derselben Affen, führt aber drei Arten von ihnen auf und bemerkt, daß der größte »Impungu« heiße. »Dieses wundervolle und fürchterliche Erzeugnis der Natur«, sagt er, »geht aufrecht wie ein Mann, ist erwachsen sieben bis neun Fuß hoch, verhältnismäßig dick und entsetzlich stark. Schwarzes Haar, welches sich auf dem Kopfe verlängert, bedeckt seinen Leib. Sein Gesicht ähnelt dem des Menschen mehr als das des Schimpansen, ist aber ebenfalls schwarz. Wenn dieses Tier einen Neger sieht, verfolgt und fängt es diesen; zuweilen tötet es ihn auch, und manchmal packt es ihn bei der Hand und nimmt ihn mit sich fort. Einige, welche so glücklich waren, dieser Gefangenschaft zu entrinnen, sagen, daß sich das Ungetüm, wenn es schlafen geht, nicht niederlegt, sondern gegen einen Baum lehnt; dann wartet der Gefangene, bis es eingeschlafen ist, löst vorsichtig seine Hand von sich ab und stiehlt sich still hinweg, erregt aber doch zuweilen die Aufmerksamkeit des Gegners und wird zurückgeholt. Das Tier lebt von den Früchten und Wurzeln dieses Landes und macht sich vornehmlich die Arbeit der Eingeborenen zunutze. Fehlt es ihm an Wasser, so sucht es sich einen Baum mit saftiger Rinde auf, reißt diese mit der Hand ab, zerquetscht sie und saugt den Saft aus; ja es nimmt zuweilen einen solchen Baum bei seinen Wanderungen mit, wenn es weiß, daß sich auf dem Wege kein Wasser findet. Ich habe gehört, daß es imstande ist, einen Palmbaum abzubrechen, um zu dem Safte desselben zu gelangen. Niemals habe ich dieses Tier zu sehen bekommen; allein ein Junges von ihm wurde während der Zeit, als mein Sohn in Malemba war, von einem Lande des Inneren dem Könige geschenkt und die Leute, die es brachten, sagten, daß es seit der Zeit, in welcher sie es in Besitz hatten, ruhig und ernsthaft gewesen sei, seine Speisen widerstandslos genommen und verständig gegessen und getrunken habe. Man hatte ihm ein Joch um den Nacken gelegt und seine Hände gebunden wie die der Sklaven, welche mit ihm kamen, und so führte man es widerstandslos fort. Als es aber in der Königsstadt angelangt war und eine unschätzbare Menge von Leuten sich einfand, um es zu betrachten, wurde es traurig und mürrisch, wollte keine Nahrung mehr zu sich nehmen und starb nach vier oder fünf Tagen. Es war noch jung, aber doch über sechs Fuß hoch. Auch mein Sohn sah es nicht, wohl aber die Hand von ihm, welche man etwas über dem Gelenke abgehauen und getrocknet hatte; die Finger waren noch in diesem Zustande so dick wie drei von den seinigen, stärker fast als sein Handgelenk, im Verhältnisse zu den menschlichen länger, während der Armteil auch in getrocknetem Zustande noch dicker war als die dickste Stelle seines Armes. Der obere Teil der Finger und aller übrigen Handteile war mit schwarzem Haar bedeckt, der untere Teil der Hand ähnelte der eines Negers. Man sah, daß es das stärkste aller Tiere des Waldes sei, und begriff, daß die übrigen sich sämtlich vor ihm fürchten.«

Erst im Jahre 1846 gelang es Wilson, einem amerikanischen Heidenprediger, den Schädel dieses Affen zu erhalten. Dieser ließ keinen Zweifel zu, daß er einer noch unbeschriebenen Art angehöre. Nach einigen Anstrengungen wurde ein zweiter Schädel erworben; andere Teile des Gerippes konnten später erlangt werden. Die Eingeborenen, vollständig vertraut mit Wesen und Sitten dieses Tieres, gaben die eingehendsten Berichte über seine Größe, seine Wildheit, die Beschaffenheit der Waldungen, welche es bewohnt, versprachen auch in kürzester Frist ein vollständiges Geripp zu beschaffen. Wilson selbst hat einen getöteten Gorilla gesehen. Nach seiner Versicherung ist es unmöglich, einen richtigen Begriff weder von der Scheußlichkeit seines Aussehens, noch von seiner außerordentlichen Muskelkraft zu geben. Sein tiefschwarzes Gesicht offenbart nicht allein verzerrte (der englische Text sagt »übertriebene«) Züge, sondern die ganze Erscheinung ist nichts anderes als ein Ausdruck der rohesten Wildheit. Große Augäpfel, ein Schopf von langen Haaren, welcher in der Wut über den Vorderkopf fällt, ein riesenhaftes Maul, bewaffnet mit einer Reihe von gewaltigen Zähnen, abstehende Ohren: dies alles zusammen läßt den Affen als eines der fürchterlichsten Geschöpfe der Erde erscheinen. Es ist nicht überraschend, daß die Eingeborenen sogar bewaffnet mit ihm zusammenzutreffen fürchten. Sie sagen, daß er sehr wild sei und unabänderlich zum Angriff übergehe, wenn er mit einem einzelnen Manne zusammenkomme; »ich selbst«, versichert Wilson, »habe einen Mann gesehen, welchem eins dieser Ungeheuer die Wade fast gänzlich weggebissen hatte und welcher wahrscheinlich in Stücke zerrissen worden wäre, hätte er nicht rechtzeitig die Hilfe seiner Gefährten erhalten. Es wird versichert, daß sie dem bewaffneten Manne das Gewehr aus der Hand reißen und den Lauf zwischen ihren Kiefern zusammendrücken; und wenn man die ungeheure Muskelkraft der Kinnladen in Erwägung zieht, kann man nicht finden, daß dies unmöglich sei.«

Ungefähr in derselben Zeit stellte Savage unter den Negern eingehende Nachforschungen über die Lebensweise des Affen an und veröffentlichte die Ergebnisse in der »Bostoner naturwissenschaftlichen Zeitung« vom Jahre 1847. Ihnen zufolge lebt der »Ingiine« im Inneren von Unterguinea, während der Verbreitungskreis des Schimpansen sich mehr längs der Küste erstreckt. Der Gang des ersteren ist wackelnd oder watschelnd, die Bewegung des Leibes, welcher immer nach vorn überhängt, etwas rollend oder von einer Seite zur anderen schwankend. Die Arme werden beim Gehen vorwärts geworfen und auf den Grund gestemmt. Man sagt, daß der Gorilla beim Gehen die Finger nicht beuge, sondern sie ausgestreckt als Stütze der Hand verwende. Wenn er sich aufrichtet und in dieser Stellung geht, hält er seinen mächtigen Körper dadurch im Gleichgewichte, daß er seine Arme nach oben beugt. Er lebt in Banden, die jedoch nicht so zahlreich sind wie die der Schimpansen. In jeder solchen Bande befinden sich mehr Weibchen als Männchen, denn alle Nachrichten stimmen darin überein, daß sich nur ein altes Männchen bei solcher Gesellschaft befindet und daß, wenn junge Männchen ihre volle Größe erreicht haben, zwischen ihnen und anderen ein Kampf um die Oberherrschaft stattfindet und der stärkste, nachdem er den Nebenbuhler getötet oder doch vertrieben hat, sich zum Haupte der Gesellschaft aufwirft. Seine Wohnungen, falls man sie so nennen darf, ähneln denen, welche der Schimpanse baut, und bestehen einfach aus wenigen Stecken und blätterigen Zweigen, welche von Astgabeln und Ästen der Bäume unterstützt werden, gewähren auch keinen Schutz gegen das Wetter und werden nur des Nachts benutzt. Gorillas sind außerordentlich wild und stets angriffslustig, flüchten auch niemals vor dem Menschen. Die Eingeborenen fürchten sie in hohem Grade und nehmen niemals den Kampf mit ihnen auf, es sei denn, um sich selbst zu verteidigen. Die wenigen Stücke, welche erbeutet wurden, fanden ihren Tod durch Elefantenjäger und Handelsleute, welche im Walde mit ihnen zusammentrafen. Angesichts eines Menschen soll der männliche Gorilla zuerst einen entsetzlichen Schrei ausstoßen, welcher auf weithin im Walde widerhallt und etwa wie ein langgezogenes und schrilles »Kheh, Kheh« klingt, dabei die ungeheuren Kiefer zu voller Weite öffnen und mit über das Kinn herabhängender Unterlippe und über die Brauen herabfallendem Haarschopfe das Bild unbeschreiblicher Wildheit sein. Weibchen und Junge verschwinden bei dem ersten Schrei des Männchens, dieses aber nähert sich, in rascher Folge seinen entsetzlichen Schrei ausstoßend, dem Jäger. Letzterer erwartet seine Ankunft mit dem Gewehre an der Wange und verzögert, wenn er seines Schusses nicht ganz sicher ist, sein Feuer, bis das Tier den Gewehrlauf ergriffen und, wie es zu tun pflegt, in das Maul gebracht hat. Sollte das Gewehr versagen, so zerquetscht der Gorilla den dünnen Lauf zwischen seinen Zähnen und das Zusammentreffen kann für den Jäger verhängnisvoll werden. Im übrigen ähneln die Sitten und Gewohnheiten des Gorilla denen des Schimpansen: er baut ähnliche Nester auf die Bäume, lebt von denselben oder ähnlichen Früchten und macht seinen Aufenthaltsort von den Umständen abhängig.

Im Jahre 1852 gibt Ford übereinstimmende Nachrichten. »Der Gorilla«, sagt er, »erhebt sich zum Angriffe auf seine Füße, nähert sich jedoch seinem Gegner in gebeugter Haltung. Obgleich er niemals auf der Lauer liegt, stößt er doch, sobald er die Annäherung eines Menschen wahrnimmt, augenblicklich seinen bezeichnenden Schrei aus, bereitet sich zum Kampfe und geht zum Angriffe über. Der Schrei ist mehr ein Grunzen als ein Heulen, ähnelt dem des erregten Schimpansen, ist jedoch lauter und wird in weiter Entfernung vernommen. Zuerst nun begleitet er die Weibchen, von denen er regelmäßig umgeben wird, auf eine kurze Strecke bei ihrer Flucht, kehrt hierauf zurück, sträubt den Haarschopf, so daß er vorn überhängt, weitet seine Nüstern, zieht die Unterlippe herab, fletscht die Zähne und läßt nochmals jenen Schrei hören, wie es scheint in der Absicht, seinen Gegner zu erschrecken. Streckt ihn jetzt nicht eine wohlgezielte Kugel zu Boden, so nimmt er einen Ansatz, schlägt seinen Gegner mit der Hand nieder oder packt ihn mit einem Griffe, welcher kein Entrinnen ermöglicht, wirft ihn auf den Boden und zerfetzt ihn mit den Zähnen. Das wilde Wesen dieses Geschöpfes konnte man deutlich sehen an einem kleinen Jungen, welches hierher gebracht wurde. Man hielt es mehrere Monate und gab sich die größte Mühe, um es zu zähmen; es war jedoch so unverbesserlich, daß es mich noch eine Stunde vor seinem Tode biß.«

Der nächstfolgende Berichterstatter ist Du-Chaillu. Ich würde dessen Mitteilungen vorzugsweise benutzt haben, hätte die Darstellung nicht beim ersten Lesen ein unbesiegliches Mißtrauen in mir erweckt. Demungeachtet mag auch diese Schilderung hier eine Stelle finden, nur verwahre ich mich gegen die Annahme, als wolle ich sie in irgendeiner Weise bekräftigen. Ich bin vielmehr durchaus der Meinung Reades, daß Du-Chaillus Erzählung ein wunderbares Gemisch von Wahrheit und Erdichtung ist, und stimme dem letztgenannten bei, wenn er sagt, daß jener vieles über den Gorilla geschrieben hat, was wahr, aber nicht neu ist, und weniges, was neu, aber nicht wahr ist. Man urteile selbst, was wohl von einem Forscher zu halten ist, welcher sein erstes Zusammentreffen mit dem Gorilla wie folgt schildert:

»Schnell vorwärts bewegte es sich im Gebüsche, und mit einem Male stand ein ungeheurer männlicher Gorilla vor mir. Durch das Dickicht war er auf allen vieren gekrochen, als er uns aber erblickte, erhob er sich und sah uns kühn und mutig in die Augen. So stand er etwa zwölf Schritte vor uns – ein Anblick, den ich nie vergessen werde! Der König des afrikanischen Waldes kam mir wie eine gespenstische Erscheinung vor. Aufgerichtet war der ungeheure, fast sechs Fuß hohe Körper; frei zeigten sich die mächtige Brust, die großen, muskelkräftigen Arme, das wild blitzende tiefgraue Auge und das Gesicht mit seinem wahrhaft höllischen Ausdruck. Er fürchtete sich nicht! Da stand er und schlug seine Brust mit den gewaltigen Fäusten, daß es schallte, wie wenn man eine große metallene Trommel schlägt. Das ist die Art des Trotzbietens, das ist das Kampfeszeichen des Gorilla! Und dazwischen stieß er einmal nach dem anderen sein gräßliches Gebrüll aus – ein Gebrüll so grauenerregend, daß man es den eigentümlichsten und fürchterlichsten Laut der afrikanischen Wälder nennen muß. Es beginnt mit scharfem Bellen, wie es ein großer Hund hören läßt, und geht dann in tiefes Dröhnen über, welches genau dem Rollen fernen Donners am Himmel gleicht; habe ich doch mehr als einmal dieses Gebrüll für Donner gehalten, wenn ich den Gorilla nicht sah. Wir blieben bewegungslos im Verteidigungszustande. Die Augen des Unholdes blitzten grimmiger; der Kamm des kurzen Haares, welcher auf seiner Stirn steht, legte sich auf und nieder; er zeigte seine mächtigen Fänge und wiederholte das donnernde Brüllen. Jetzt glich er gänzlich einem höllischen Traumbilde, einem Wesen jener widerlichen Art, halb Mann, halb Tier, wie es die alten Maler erfanden, wenn sie die Hölle darstellen wollten. Wiederum kam er ein paar Schritte näher, blieb nochmals stehen und stieß von neuem sein entsetzliches Geheul aus. Und noch einmal näherte er sich, noch einmal stand er und schlug brüllend und wütend seine Brust. So war er bis auf sechs Schritte herangekommen: da feuerte ich und tötete ihn. Mit einem Stöhnen, welches etwas schrecklich Menschliches an sich hatte und doch durch und durch viehisch war, fiel er vorwärts auf sein Gesicht. Der Körper zuckte krampfhaft mehrere Minuten; dann wurde alles ruhig: der Tod hatte seine Arbeit getan.«

Zu vorstehender Stelle gehört ein kurzer Nachsatz von Reade: »In einem Vortrage, welchen ich in einer Sitzung der Londoner tierkundlichen Gesellschaft las und welcher in den Schriften der Gesellschaft veröffentlicht worden ist, habe ich die Gründe entwickelt, aus denen ich mit vollster Sicherheit schließen darf, daß Du-Chaillu niemals einen Gorilla erlegt hat.«[1]

Doch auch das Unwahrscheinliche, richtiger vielleicht die Lüge, mag hier Erwähnung finden, um so mehr als die Berichtigung auf dem Fuße folgen wird.

»Mein langer Aufenthalt in Afrika«, erzählt Du-Chaillu, »erleichterte es mir, mit Eingeborenen zu verkehren, und als meine Neugierde, jenes Ungeheuer kennenzulernen, aufs höchste erregt worden war, beschloß ich, selbst auf dessen Jagd auszuziehen und es mit meinen Augen zu sehen. Ich war so glücklich, der erste zu sein, welcher nach eigener Bekanntschaft über den Gorilla sprechen darf, und während meine Erfahrungen und Beobachtungen zeigen, daß viele Erzählungen auf falschen und leeren Einbildungen unwissender Neger und leichtgläubiger Reisenden beruhen, kann ich anderseits bestätigen, daß keine Beschreibung die entsetzliche Erscheinung, die Wut des Angriffs und die wüste Bosheit eines Gorilla versinnlichen wird.

Es tut mir leid, daß ich der Zerstörer vieler anmutigen Träumereien sein muß. Aber der Gorilla lauert nicht auf den Bäumen über

---

[1] Derselben Ansicht sind auch spätere Reisende, die den Gorilla aus eigener Anschauung kennenlernten.

dem Wege, um einen unvorsichtig Vorübergehenden zu ergreifen und in seinen zangengleichen Händen zu erwürgen; er greift den Elefanten nicht an und schlägt ihn nicht mit Stöcken zu Tode; er schleppt keine Weiber aus den Dörfern der Eingeborenen weg; er baut sich kein Nest aus Blättern und Zweigen auf den Waldbäumen und sitzt nicht unter deren Dach; er ist nicht einmal ein geselliges Tier, und alle Berichte von gemeinschaftlichen Angriffen haben nicht ein Körnchen von Wahrheit in sich.

Der Gorilla lebt in den einsamsten und dunkelsten Stellen des dichten afrikanischen Niederwaldes, tiefe bewaldete Täler und ebenso schroffe Höhen allen übrigen Aufenthaltsorten vorziehend. Gerade die Hochebenen, welche mit unermeßlichen Halden bedeckt sind, scheinen seinen Lieblingswohnsitz zu bilden. In jenen Gegenden Afrikas findet sich überall Wasser, und ich habe beobachtet, daß der Gorilla just an solchen Stellen sich aufhält, wo es am feuchtesten ist. Er ist ein rastloses Vieh, welches von Ort zu Ort wandert und schwerlich an einer und derselben Stelle zwei Tage lang bleibt. Dieses Umherschweifen ist zum Teil bedingt durch die Schwierigkeit, sein Lieblingsfutter zu finden. Obgleich der Gorilla vermöge seiner ungeheuren Eckzähne ohne Mühe jedes andere Tier des Waldes zu zerstückeln vermöchte, ist er doch ein echter Pflanzenfresser. Ich habe die Magen von allen untersucht, welche zu töten ich so glücklich war, und niemals etwas anderes gefunden als Beeren, Pisangblätter und sonstige Pflanzenstoffe. Der Gorilla ist ein arger Fresser, welcher unzweifelhaft an einem Orte alles auffrißt und dann in beständigem Kampfe mit dem Hunger zum Wandern gezwungen wird. Sein großer Bauch, der sich, wenn er aufrecht dasteht, deutlich genug zeigt, beweist dies; und wahrlich, sein gewaltiger Leib und die mächtige Muskelentwicklung könnten bei weniger Nahrung nicht unterhalten werden.

Es ist nicht wahr, daß der Gorilla viel oder immer auf den Bäumen lebt; ich habe ihn fast stets auf der Erde gefunden. Allerdings steigt er oft genug an den Bäumen in die Höhe, um Beeren oder Nüsse zu pflücken; wenn er aber dort gegessen hat, kehrt er wieder nach unten zurück. Nach meinen Erfahrungen über die Nahrung kann man behaupten, daß er es gar nicht nötig hat, die Bäume zu erklettern. Ihm behagen Zuckerrohr, die weißen Rippen der Pisangblätter, mehrere Beeren, welche nahe der Erde wachsen, das Mark einiger Bäume und eine Nuß mit sehr harter Schale. Diese letztere ist so fest, daß man sie nur mit einem starken Schlage vermittels eines Hammers öffnen kann. Wahrscheinlich ihrethalben besitzt er das ungeheure Gebiß, welches stark genug ist, einen Gewehrlauf zusammenzubiegen.

Nur junge Gorillas schlafen auf Bäumen, um sich gegen Raubtiere zu schützen. Ich habe mehrere Male die frische Spur eines Gorillabettes gefunden und konnte deutlich sehen, daß das Männchen, mit dem Rücken an einen Baumstamm gelehnt, in ihm gesessen hatte; doch glaube ich, daß Weibchen und Junge zuweilen die Krone des Baumes ersteigen mögen, während die Männchen immer am Fuße der Bäume oder unter Umständen auf der Erde schlafen. Alle Affen, welche viel auf Bäumen leben, haben an ihren vier Händen längere Finger als der Gorilla, dessen Hand mehr der menschlichen ähnelt. Infolge dieses verschiedenen Baues ist er weniger geeignet, Bäume zu erklettern. Zugleich muß ich bemerken, daß ich niemals einen Schirm oder ein Zelt gefunden habe und deswegen zu dem Schlüsse gekommen bin, er führe ein derartiges Gebäude überhaupt nicht auf.

Der Gorilla ist nicht gesellig. Von den Alten fand ich gewöhnlich ein Männchen und ein Weibchen zusammen, oft genug auch ein altes Männchen allein. In solchem Falle ist es immer ein alter, mürrischer, böswilliger Gesell, welcher nicht mit sich spaßen läßt. Junge Gorillas traf ich in Gesellschaft bis zu fünf Stück an. Sie liefen stets auf allen vieren davon, schreiend vor Furcht. Es ist nicht leicht, sich ihnen zu nähern, denn sie hören außerordentlich scharf und verlieren keine Zeit, um zu entkommen, während die Beschaffenheit des Bodens es dem Jäger sehr erschwert, ihnen zu folgen. Das alte Tier ist auch scheu; ich habe zuweilen den ganzen Tag gejagt, ohne auf mein Wild zu stoßen, und mußte bemerken, daß es mir sorgfältig auswich. Wenn jedoch zuletzt das Glück den Jäger begünstigt und er zufällig oder durch ein gutes Jagdkunststück auf seine Beute kommt, geht diese ihm nicht aus dem Wege. Bei allen meinen Jagden habe ich nicht einen einzigen Gorilla gefunden, welcher mir den Rücken zugekehrt hätte. Überraschte ich ein Paar, so fand ich gewöhnlich das Männchen an einen Felsen oder Baum gelehnt im dunkelsten Dickichte des Waldes, wo die strahlende Sonne nur ein düsteres Zwielicht hervorrufen kann; das Weibchen weidete in der

Regel nebenbei, und dieses war es auch, welches zuerst unter lautem und heftigem Schreien und Kreischen davonrannte. Dann erhob sich langsam das Männchen, welches noch einen Augenblick mit wütendem Blick dagesessen hatte, schaute mit glühenden Augen auf die Eindringlinge, schlug auf seine Brust, erhob sein gewaltiges Haupt und stieß das furchtbare Gebrüll aus. Ich glaube, daß ich dieses Gebrüll auf die Entfernung von drei Meilen gehört habe.

Es ist Grundsatz eines geschulten Gorillajägers, sein Feuer bis zum letzten Augenblick zu bewahren. Die Erfahrung hat gelehrt, daß, wenn der Jäger feuert und fehlt, der Gorilla augenblicklich auf ihn stürzt. Und seinem Anpralle kann kein Mann widerstehen! Ein einziger Schlag der gewaltigen, mit mächtigen Nägeln bewehrten Hand, und das Eingeweide des armen Jägers liegt bloß, seine Brust ist zertrümmert, sein Schädel zerschmettert; es ist zu spät, neu zu laden, und die Flucht vergebens! Einzelne Neger, tollkühn aus Furcht, haben sich unter solchen Umständen in ein Ringen mit dem Gorilla eingelassen und sich mit ihrem ungeladenen Gewehre verteidigen wollen, aber nur Zeit zu einem einzigen, erfolglosen Streiche gehabt: im nächsten Augenblicke erschien der lange Arm mit verhängnisvoller Kraft und zerbrach Gewehr und Negerschädel mit einem Schlage. Ich kann mir kein Geschöpf denken, welches so unabwendbare Angriffe auf den Menschen auszuführen versteht wie der Gorilla, und zwar aus dem Grunde, weil er sich Gesicht gegen Gesicht dem Manne gegenüberstellt und seine Arme als Waffen zum Angriffe gebraucht, gerade wie ein Preisfechter tun würde, nur daß jener längere Arme und weitaus größere Kraft hat, als sich der gewaltigste Faustkämpfer der Erde träumen läßt.

Da man sich in den dunkeln und undurchdringlichen Dickichten der vielen Ranken und Dornen halber kaum bewegen kann, bleibt der Jäger klugerweise stehen und erwartet die Ankunft des wütenden Tieres. Der Gorilla nähert sich mit kurzen Schritten, hält häufig an, stößt sein höllisches Gebrüll aus, schlägt ab und zu mit den Armen seine Brust, ruht auch wohl länger aus und setzt sich, blickt aber immer wütend auf seinen Gegner. Die sehr kurzen Hinterbeine genügen entschieden nicht, um den Körper aufrecht zu tragen; daher hält sich das Tier durch Schwingungen mit den Armen im Gleichgewichte. Aber der dicke Bauch, das runde, stierartige Haupt, welches rückwärts fast auf dem Nacken aufliegt, die großen, muskelkräftigen Arme und die weite Brust – alles dies läßt sein Schwanken unsäglich entsetzlich erscheinen und vermehrt noch das Furchtbare seiner Erscheinung. Zugleich blitzen die tiefliegenden grauen Augen in unheimlichem Glanze; die Wut verzerrt das Gesicht auf das abscheulichste; die dünnen, scharf geschnittenen Lippen, welche zurückgezogen werden, lassen die gewaltigen Eckzähne und die furchtbaren Kinnladen, in welchen ein Menschenglied zermalmt werden würde wie Zwieback, sichtbar meiden. Der Jäger steht, mit ängstlicher Sorge seinen Feind bewachend, auf einer und derselben Stelle, das Gewehr in der Hand, oft fünf lange bange Minuten, mit aufregendem Grauen den Augenblick erwartend, in welchem er feuern muß. Die gewöhnliche Schußweite beträgt zehn Schritte. Ich meinesteils habe nie weiter auf ein Gorillamännchen geschossen als auf acht Ellen. Zuletzt kommt die Gelegenheit. So schnell wie möglich wird das Gewehr erhoben – ein ängstlicher Augenblick, welcher die Brust zusammenschnürt, und dann – Finger an den Drücker! Wenn der Neger einem Flußpferde während der Jagd eine Kugel zusandte, geht er im Augenblicke auf seine Beute los – wenn er nach einem Gorilla schoß, steht er still; denn falls er gefehlt hat, muß er kämpfen für sein Leben, Gesicht gegen Gesicht, hoffend, daß irgendein unerwartetes Glück ihn von dem tödlichen Streich errettet und er davonkommt, wenn auch vielleicht gelähmt auf immer. Glücklicherweise stirbt der Gorilla ebenso leicht wie der Mensch: ein Schuß in die Brust bringt ihn sicher zu Falle. Er stürzt vorwärts auf sein Gesicht, die langen, gewaltigen Arme ausstreckend und mit dem letzten Atem ein Todesröcheln ausstoßend, halb Brüllen, halb Stöhnen, welches, obgleich es dem Jäger seine Rettung verkündet, dennoch sein Ohr peinigt wegen der Ähnlichkeit mit dem Seufzer eines sterbenden Menschen. Die Neger greifen den Gorilla nur mit Flinten an, niemals mit anderen Waffen, und da, wo sie kein Feuergewehr besitzen, durchzieht das Untier unbelästigt als alleiniger Herrscher den Wald. Einen Gorilla getötet zu haben, verschafft dem Jäger für sein Leben lang die größte Achtung selbst der mutigsten Neger, welche, wie ich hinzufügen muß, im allgemeinen durchaus nicht nach dieser Art des Ruhmes lüstern sind.

Der Gorilla gebraucht keine künstlichen Waffen zur Verteidigung, sondern wehrt sich mit seinen Armen und im weiteren

Kampfe mit seinen Zähnen. Ich habe oft Gorillaschädel untersucht, in denen die gewaltigen Reißzähne losgebrochen waren, und von den Negern erfahren, daß ein derartiger Verlust während der Kämpfe entstand, welche zwei Gorillamännchen in Sachen der Liebe ausgefochten haben. Solch ein Streit muß ein in jeder Hinsicht gewaltiges, großartiges Schauspiel gewähren; ein Ringen zwischen zwei tüchtigen männlichen Gorillas würde alle Kampfspiele der Welt überbieten.

Der gewöhnliche Gang des Gorilla geschieht nicht auf den Hinterbeinen, sondern auf allen vieren. Bei dieser Stellung wird das Haupt bedeutend erhöht, weil die Arme verhältnismäßig sehr lang sind. Wenn er schnell läuft, setzt er die Hinterbeine fast bis über den Leib vor, und immer bewegt er beide Glieder einer Seite zu gleicher Zeit, wodurch er eben einen so sonderbar wackelnden Gang erhält. Nicht zu bezweifeln steht, daß er auch in erhobener Stellung ziemlich schnell und viel länger als der Schimpanse oder andere Affen dahinwandeln kann. Wenn er aufrecht steht, biegt er seine Knie nach auswärts. Sonderbar ist seine Fährte. Die Hinterfüße hinterlassen keine Spur von ihren Zehen, nur der Fußballen und die große Zehe scheinen aufzutreten; die Finger der Hand sind undeutlich dem Boden aufgedrückt. Junge Gorillas klettern, verfolgt, nicht auf Bäume, sondern laufen auf dem Boden dahin.

Niemals habe ich gefunden, daß eine Gorillamutter an Verteidigung denkt, durch die Neger aber erfahren, daß dies zuweilen wohl der Fall sein könne. Es ist ein hübscher Anblick, solch eine Mutter mit ihrem sie umspielenden Jungen! So begierig ich auch war, Gorillas zu erhalten, konnte ich es doch nicht über das Herz bringen, ein solches Verhältnis zu stören. Meine Neger waren weniger weichherzig und töteten ihren Erzfeind ohne Zeitverlust. Flüchtet die Mutter vor dem Jäger, so springt das Junge ihr sofort auf den Nacken und hängt sich zwischen ihren Brüsten an, mit den kleinen Gliedern ihren Leib umschlingend. Schon ein junger Gorilla ist außerordentlich stark. Einen, welcher nur zweieinhalb Jahr alt war, vermochten vier starke Männer nicht festzuhalten. Der Alte kann mit seinen Zähnen einen Gewehrlauf plattbeißen und mit seinen Armen Bäume umbrechen von 10-15 cm im Durchmesser (?). Das Fell des Tieres ist dick und fest wie eine Ochsenhaut, aber verhältnismäßig zarter als das anderer Affen.

Am 4. Mai lieferten einige Neger, welche in meinem Auftrage jagten, einen jungen lebenden Gorilla ein. Ich kann unmöglich die Aufregung beschreiben, welche mich erfaßte, als man das kleine Scheusal in das Dorf brachte. Alle die Beschwerden und Entbehrungen, welche ich in Afrika ausgehalten hatte, waren in einem Augenblicke vergessen. Der Affe war etwa zwei bis drei Jahre alt, 2-1/2 Fuß hoch, aber so wütend und halsstarrig, wie nur einer seiner erwachsenen Genossen hätte sein können. Meine Jäger, welche ich am liebsten an das Herz gedrückt hätte, fingen ihn in dem Lande zwischen dem Rembo und dem Vorgebirge St. Katharina. Nach ihrem Berichte gingen sie zu fünft nahe einer Ortschaft an der Küste lautlos durch den Wald, hörten ein Geknurre, welches sie sofort als den Ruf eines jungen Gorilla nach seiner Mutter erkannten, und beschlossen, ohne Zögern dem Schrei zu folgen. Mit den Gewehren in der Hand schlichen die Braven vorwärts, einem düsteren Dickicht des Waldes zu. Sie wußten, daß die Mutter in der Nähe sein würde, und erwarteten, daß auch das gefürchtete Männchen nicht weit sein möchte, beschlossen jedoch, alles aufs Spiel zu setzen, um womöglich das Junge lebend zu erhalten. Beim Näherkommen hatten sie einen selbst ihnen seltenen Anblick. Das Junge saß einige Schritte entfernt von seiner Mutter auf dem Boden und beschäftigte sich, Beeren zu pflücken. Die Alte schmauste von denselben Früchten. Meine Jäger machten sich augenblicklich zum Feuern fertig, und nicht zu spät; denn die Alte erblickte sie, als sie ihre Gewehre erhoben. Glücklicherweise töteten sie die besorgte Mutter mit dem ersten Schusse. Das Junge, erschreckt durch den Knall der Gewehre, rannte zu seiner Erzeugerin, hängte sich an sie, umarmte ihren Leib und versteckte sein Gesicht. Die Jäger eilten herbei; das hierdurch aufmerksam gewordene Junge verließ aber sofort seine Mutter, lief zu einem schmalen Baume und kletterte an ihm mit großer Behendigkeit empor, setzte sich hier nieder und brüllte wütend auf seine Verfolger herunter. Doch die Leute ließen sich nicht verblüffen. Nicht ein einziger fürchtete sich, von dem kleinen wütenden Vieh gebissen zu werden. Man hieb den Baum um, deckte, als er fiel, schnell ein Kleid über den Kopf des seltenen Wildes und konnte es nun, so geblendet, leichter fesseln. Doch der kleine Gesell, seinem Alter nach nur ein unerwachsenes Kind, war bereits erstaunenswürdig kräftig und nichts weniger als gutartig, so daß die Leute nicht imstande waren, ihn zu führen, und sich genötigt sahen, seinen Hals in eine Holzgabel zu stecken, welche vorn verschlossen wurde und als Zwangsmittel dienen mußte. So kam der Gorilla in das Dorf. Eine ungeheure Aufregung bemächtigte sich aller Gemüter. Als der Gefangene aus dem Boote gehoben wurde, in welchem er einen Teil seines Weges zurückgelegt hatte, brüllte und bellte er und schaute aus seinen bösen Augen wild um sich, gleichsam versichernd, daß er sich gewiß rächen werde, sobald er könne. Ich sah, daß die Gabel seinen Nacken verwundet hatte, und ließ deshalb möglichst rasch einen Käfig für ihn anfertigen. Nach zwei Stunden hatten wir ein festes Bambushaus für ihn gebaut, durch dessen sichere Stabe wir ihn nun beobachten konnten. Er war ein junges Männchen, erwachsen genug, um seinen Weg allein zu gehen, für sein Alter auch mit einer merkwürdigen Kraft ausgerüstet. Gesicht und Hände waren schwarz, die Augen jedoch noch nicht so tief eingesunken wie bei den alten, Brust und Bauch dünner, die Arme länger behaart. Das Haar der Brauen und des Armes, welches rötlichbraun aussah, begann sich eben zu erheben; die Oberlippe war mit kurzen Haaren bedeckt, die untere mit einem kleinen Barte, die Augenlider waren fein und dünn, die Augenbrauen etwa 2 cm lang; eisgraues Haar, welches in der Nähe der Arme dunkelte und am Steiße vollständig weiß erschien, bedeckte seinen Nacken.

Nachdem ich den kleinen Burschen glücklich in seinen Käfig gelockt hatte, nahete ich mich, um ihm einige ermunternde Worte zu sagen. Er stand in der fernsten Ecke; sowie ich mich aber näherte, bellte er und sprang wütend nach mir. Obgleich ich mich so schnell wie ich konnte zurückzog, erreichte er doch meine Beinkleider, zerriß sie und kehrte augenblicklich wieder nach seinem Winkel zurück. Dies lehrte mich Vorsicht, doch gab ich die Hoffnung, ihn zu zähmen, nicht auf. Meine erste Sorge war natürlich, Futter für ihn zu schaffen. Ich ließ Waldbeeren holen und reichte ihm diese nebst Wasser; doch wollte er weder essen noch trinken, bevor ich mich ziemlich weit entfernt hatte. Am zweiten Tage war Joe, wie ich ihn genannt hatte, wilder als am ersten, fuhr auf jedermann zu, welcher nur einen Augenblick vor seinem Käfige stand, und schien bereit, uns alle in Stücke zu zerreißen. Ich brachte ihm einige Pisangblätter und bemerkte, daß er davon nur die weichen Teile fraß. Er schien nicht eben wählerisch zu sein, obschon er jetzt und während seines kurzen Lebens mit Ausnahme der wilden Blätter und Früchte seiner heimischen Wälder alles Futter verschmähte. Am dritten Tage war er noch mürrischer und wütender, bellte jeden an und zog sich entweder nach seinem fernen Winkel zurück oder schoß angreifend vor. Am vierten Tage glückte es ihm, zwei Bambusstäbe auseinander zu schieben und zu entfliehen. Beim Eintreten in mein Haus wurde ich von ärgerlichem Brüllen begrüßt, welches unter meiner Bettstelle hervorkam. Augenblicklich schloß ich die Fenster und rief meine Leute herbei, das Tor zu beaufsichtigen. Als Freund Joe dies sah, bekundete er grenzenlose Wut. Seine Augen glänzten, der ganze Leib bebte vor Zorn, und rasend kam er unter dem Bette hervor. Wir schlossen das Tor und ließen ihm das Feld, indem wir vorzogen, lieber einen Plan zu seiner sicheren Gefangennahme zu entwerfen, als uns seinen Zähnen auszusetzen. Es war kein Vergnügen, ihn wieder zu fangen; er war schon so stark und wütend, daß ich selbst einen Faustkampf mit ihm scheute, aus Furcht, von ihm gebissen zu werden. Mitten im Raume stand der biedere Gesell und schaute grimmig auf seinen Feind, prüfte dabei aber mit einiger Überraschung die Einrichtungsgegenstände. Ich besorgte, daß das Ticken meiner Uhr sein Ohr erreichen würde und ihn zu einem Angriffe auf diesen unschätzbaren Gegenstand begeistern oder daß er vieles von dem, was ich gesammelt hatte, zerstören möchte. Endlich, als er sich etwas beruhigt hatte, schleuderten wir ihm glücklich ein Netz über den Kopf. Der junge Unhold brüllte fürchterlich und wütete und tobte unter seinen Fesseln. Ich warf mich schließlich auf seinen Nacken, zwei Mann faßten seine Arme, zwei andere die Beine, und dennoch machte er uns viel zu schaffen. So schnell wie möglich trugen wir ihn nach seinem inzwischen ausgebesserten Käfige zurück und bewachten ihn dort sorgfältiger.

Niemals sah ich ein so wütendes Vieh wie diesen Affen. Er fuhr auf jeden los, welcher ihm nahte, biß in die Bambusstäbe, schaute mit bösen Augen um sich und zeigte bei jeder Gelegenheit, daß er ein durch und durch bösartiges und boshaftes Gemüt hatte.«

Im Verlaufe seiner Erzählung teilt Du-Chaillu mit, daß Joe weder durch Hunger noch durch »gesittete Nahrung« zu bändigen war, nach einiger Zeit, als er zum zweitenmal durchbrach, mit vieler Mühe wieder gefangen, trotz alles Widersträubens in Ketten gelegt wurde und zehn Tage darauf plötzlich starb, seinen Herrn zuletzt aber wohl kennengelernt hatte. Später will Du-Chaillu ein junges

Gorillaweibchen erhalten haben, welches mit außerordentlicher Zärtlichkeit an der Leiche seiner Mutter hing und das ganze Dorf durch seine Betrübnis in Aufregung versetzte. Das Tierchen war noch ein kleiner Säugling und starb, weil Milch nicht zu bekommen war, schon am dritten Tage nach seinem Fange.

Die Eingeborenen des Inneren essen das Fleisch des Gorilla und anderer Affen sehr gern, obgleich es schwarz und hart ist; die Stämme nahe der See dagegen verschmähen es und fühlen sich beleidigt, wenn man es ihnen anbietet, weil sie sich einer gewissen Ähnlichkeit zwischen ihnen und den Affen bewußt sind. Auch im Inneren weisen Negerfamilien Gorillafleisch zurück, weil sie wähnen, daß vorzeiten eine ihrer weiblichen Ahnen einen Gorilla geboren habe.

Unter allen Berichterstattern macht Winwood Reade den Eindruck der größten Verläßlichkeit. »Als ich im Inneren der Gorillagegenden reiste,« sagt er, »pflegte ich in jedem Dorfe, welches mir zur Nachtherberge wurde, nachzufragen, ob sich hier ein Neger befinde, welcher einen Gorilla getötet habe. Wollte das Glück, daß dies der Fall war, so ließ ich ihn zu mir bringen und befragte ihn mit Hilfe eines Dolmetschers über die Sitten und Gewohnheiten der Affen. Diesen Plan verfolgte ich unter den Belingi am Muni, unter den Schikeni am Gabun und unter den Kommi am Fernandovaz. Ebenso befragte ich auch die aus dem Inneren stammenden Sklaven, welche von ihren Herren als Jäger verwendet wurden. Alle Nachrichten, welche ich empfing, habe ich verglichen und nur das behalten, welches durch das gleichlautende Zeugnis aller Jäger dieser drei verschiedenen Gegenden Innerafrikas bestätigt wurde.

In Bapuku ist der Gorilla unter den Küstenstämmen nicht bekannt. Der nördlichste Punkt, wo ich von seinem Vorhandensein Kunde erhielt, war das Ufer eines kleinen Flusses bei St. Jones. Am Muni findet er sich weniger häufig als um den Gabun, und in den Waldungen am Fernandovaz wiederum häufiger als dort. Glaubwürdige Berichte bestätigen, daß er in Majumba, von welchem Battell spricht, und nach Süden hin bis nach Loango vorkommt; ich bin jedoch geneigt zu glauben, daß er sich über ein weit größeres Gebiet verbreitet, als wir gegenwärtig annehmen. Der Schimpanse lebt nach Norden hin bis zur Sierra Leone, und ich nehme an, daß der

Gorilla sich in demselben Gebiete wie jener findet. Der Schimpanse hält sich mehr an der Seeküste und in offneren Gegenden auf als der Gorilla, und darin liegt die Erklärung, daß man jenen besser kennt als diesen. Die Fens erzählten mir, der ›Nji‹ sei sehr häufig in dem weiten Lande gegen Nordosten, von welchem sie ausgewandert waren, und man höre dort seinen Schrei in unmittelbarer Nähe der Stadt; und ebenso wurde mir in Ngumbi gesagt, daß der Gorillatanz – ein Tanz der Neger, welcher die bezeichnendsten Bewegungen des Gorilla nachzuahmen versucht – in einem neunzig Tagereisen nach Osten hin gelegenen Lande seinen Ursprung habe.

Während der Schimpanse in der Nachbarschaft kleiner Steppen haust, scheint der Gorilla das düstere Zwielicht der dichtesten Wälder zu lieben. Er läuft auf allen vieren, und man sieht ihn zuweilen allein, zuweilen in Begleitung eines Weibchens und Jungen. Von den Bäumen bricht er sich Zweige und Blätter, welche sich in einer ihm erreichbaren Höhe über dem Boden befinden. Zuweilen erklettert er auch einen Baum, um dessen Früchte zu genießen. Eine Grasart, welche in kleinen Büschen wächst, liebt er so, daß man sein Vorkommen da, wo dieses Gras vorhanden, fast mit Sicherheit annehmen kann. Morgens und abends besucht er die Pflanzungen der Dörfer, frißt Pisang und Zuckerrohr und läßt seinen kläglichen Schrei vernehmen. Nachts erwählt er sich einen hohlen Baum, um auf ihm zu schlafen. Wenn das Weibchen trächtig ist, baut das Männchen, meist in einer Höhe von fünf bis acht Metern über dem Boden, ein Nest, d. h. ein bloßes Lager aus trockenen Stecken und Zweigen, welche es mit den Händen zusammenschleppt. Hier bringt das Weibchen sein Junges zur Welt und verläßt dann das Nest. Während der Brunftzeit (?) kämpfen die Männchen um ihre Weibchen. Ein glaubwürdiger Zeuge sah zwei von ihnen im Kampfe; einer war viel größer als der andere, und der kleinere wurde getötet. Aus dieser Tatsache scheint mir hervorzugehen, daß die Gorillas in Vielehigkeit leben wie andere Tiere, welche um die Weibchen kämpfen. Das gewöhnliche Geschrei des Gorilla ist kläglich, das Wutgeschrei dagegen ein scharfes, rauhes Bellen, ähnlich dem Gebrülle eines Tigers.

Entsprechend der Neigung der Neger, alles zu übertreiben, hörte ich anfänglich die verschiedensten Geschichten bezüglich der Wildheit des Gorilla. Als ich aber die wirklichen Jäger befragte, fand ich sie, soweit ich zu urteilen vermochte, wie alle mutigen Leute bescheiden und eher schweigsam als geschwätzig. Ihre Mitteilungen über die Wildheit der Affen reichen kaum bis an die Erzählungen von Savage und Ford heran. Sie leugnen, daß der Gorilla, ohne gereizt zu sein, den Menschen stets angreife. Laßt ihn allein, sagen sie, und er läßt euch allein. Wenn er aber beim Fressen oder im Schlafe plötzlich überrascht wird, dreht er sich in einem Halbkreise herum, heftet seine Augen fest auf den Mann und stößt einen unwillig klagenden Schrei aus. Versagt das Gewehr des Jägers oder wird der Affe nur verwundet, so läuft er zuweilen davon; manchmal aber stürzt er sich mit wütendem Blicke, herunterhängender Lippe und nach vorn überfallendem Haarschopfe auf den Gegner. Es scheint nicht, daß er sehr behend sei; denn die Jäger entkommen ihm häufig. Er greift stets auf allen vieren an, packt den betreffenden Gegenstand, reißt ihn in seinen Mund und beißt ihn. Die Geschichte vom Zusammenbeißen des Gewehrlaufes wird allgemein erzählt, ist aber durchaus nicht wunderbar, weil die billigen Gewehre aus Birmigham von jedem starkkieferigen Tiere zusammengequetscht werden dürften. Von den verschiedensten Seiten her hörte ich erzählen, daß Leute durch den Gorilla getötet worden seien; immer aber fand ich, daß sich solche Erzählungen auf Überlieferungen gründeten. Daß ein Mann von einem Gorilla umgebracht werden kann, möchte ich keinen Augenblick bezweifeln, daß aber kein Mann seit Menschengedenken umgebracht worden ist, kann ich mit Bestimmtheit versichern. Der Jäger, welcher mich in den Waldungen von Ngumbi führte, wurde einst von einem Gorilla verwundet. Seine Hand war vollständig verkrüppelt und die Narben der Zahnwunden am Gelenke noch sichtbar. Ihn forderte ich auf, mir genau die Art und Weise des Angriffes eines Gorilla zu zeigen. Ich stellte den Jäger vor, er den Gorilla. Er nahm eine gebückte Stellung an, und ich tat, als ob ich ihn schießen wollte. Nun kam er auf allen vieren auf mich zu, ergriff meine Hand am Gelenke, zog sie zu seinem Munde, biß hinein und lief davon. So, sagte er, hat der Gorilla mit mir getan. Durch solche einfache Zeugen gelangt man unter den Negern am ersten zur Wahrheit. Der Leopard gilt allgemein für ein wilderes und gefährlicheres Tier als der Gorilla. Auch der Schimpanse greift, wenn er angefallen wird, einen Menschen an; dasselbe tut der Orang-Utan, dasselbe tun in der Tat alle Tiere vom Elefanten bis zu den Kerbtieren herunter. Ich kann also keinen Grund zu der Annahme finden, daß der Gorilla wilder und mehr geneigt zum Angriffe auf einen Menschen sei als andere Tiere, welche, wie unser Affe, bedächtig und furchtsam sind, und welche ihre ausgezeichnete Befähigung im Riechen und Hören sich zunutze machen, um vor dem Menschen zu entfliehen.

In meiner bescheidenen Eigenschaft als ein bloßer Sammler von Tatsachen wünsche ich nichts weiter als zu der Wahrheit zu gelangen. Meine Angaben unterscheiden sich von denen meiner Vorgänger, und ich muß frei zugestehen, daß für die eine wie für die andere Seite gleiche Berechtigung vorliegt. Alle Neger sind geneigt, eher zu übertreiben als zu unterschätzen. Ich habe eine größere Anzahl von Zeugen befragt als vielleicht Wilson, Savage und Ford zusammen und, nachdem die Frage einmal wichtig geworden war, doppelte Vorsicht bei meinen Untersuchungen angewendet; aber jene halten ihrerseits großen Vorteil über mich, weil sie die Sprache der Eingeborenen kannten und keiner Dolmetscher bedurften, auch besser mit dem Wesen der Eingeborenen vertraut waren als ich. Den bezüglichen Wert unserer Mitteilungen vermag ich also nicht bestimmt abzuschätzen, schon weil ich nicht weiß, von welchem Stamme jene ihre Nachrichten erhalten haben. Das, was ich aus persönlicher Anschauung versichern kann, ist folgendes: Ich habe die Nester des Gorilla gesehen und beschrieben, bin jedoch nicht imstande, bestimmt zu sagen, ob sie als Betten oder nur als zeitweilige Lager benutzt werden. Ich habe ebenso wiederholt die Fährte des Gorilla gefunden und darf deshalb behaupten, daß der Affe gewöhnlich auf allen vieren läuft. Niemals habe ich mehr Fährten gesehen als von zwei Gorillas zusammen. Auch habe ich einen jungen Gorilla und einen jungen Schimpansen in gefangenem Zustande beobachtet und darf versichern, daß beide gleich gelehrig sind. Endlich kann ich behaupten, daß der Gorilla wenigstens zuweilen vor dem Menschen flüchtet; denn ich war nahe genug, um zu hören, daß einer von mir weglief.

Von den vielen Erzählungen über den Gorilla, welche mir mitgeteilt wurden, habe ich alle nicht genug beglaubigten weggelassen. Eine von diesen berichtet z. B., daß zuweilen eine Gorillafamilie einen Baum erklettere und sich an einer gewissen Frucht toll und voll fresse, während der alte Vater unten am Fuße des Baumes verbleibe. Kannst du, sagen die Eingeborenen, nahe genug herankommen, um ihn zu erlegen, so kannst du auch den Rest der Familie töten. Die zweite Geschichte ist die, welche von allen großen Affen berichtet wird, daß sie Frauen mit sich nehmen. In einem Dorfe am rechten Ufer des Fernandovaz wurde mir erzählt, daß die Frauen, während sie zum Brunnen gingen, sehr häufig von Gorillas gejagt werden; ja, man brachte mir sogar eine Frau, welche versicherte, selbst die Leidenschaft eines Gorilla erlitten zu haben und ihm kaum entkommen zu sein. In alledem kann ich nichts Wunderbares finden; denn wir wissen, daß die Affen höchst empfängliche Tiere sind. Demungeachtet wird man berechtigt sein Zweifel zu hegen, wenn erzählt wird, daß eine Frau in die Wälder geschleppt und halbwild unter den Affen gelebt habe.«

Winwood Reade schließt seine Mitteilungen mit der Bemerkung, daß er nicht imstande gewesen sei, etwas zu erfahren, worin sich der Gorilla vom Schimpansen wesentlich unterscheide. Beide Tiere bauen Nester, beide gehen auf allen vieren, beide greifen in ähnlicher Weise an, beide vereinigen sich, obschon sie durchaus nicht gesellig sind, zuweilen in größerer Anzahl usw. »Ein weißer Mann hat bis jetzt weder einen Gorilla noch einen Schimpansen erlegt. Die Vorsicht der Tiere, die Ungewißheit ihres Aufenthaltes, die Eifersucht der eingeborenen Jäger stempelt eine derartige Jagd zu einem sehr schwierigen Unternehmen.«

Der mehrfach erwähnte Schimpanse (*Simia troglodytes*), Barris, Inschoko, Insiëgo, Soko, Nschiëgo, Baäm und wie er sonst noch bei den Eingeborenen heißen oder von Reisenden genannt worden sein mag, wird ebenfalls als Vertreter einer eigenen Gattung betrachtet. Er ist beträchtlich kleiner, im Rumpfe verhältnismäßig viel kürzer als der Gorilla, trotzdem er dieselbe Anzahl von rippentragenden und Lendenwirbeln (dreizehn und vier) besitzt wie dieser. Sein Kopf ist verhältnismäßig groß, die breite Schnauze wenig vorgezogen, der Vorderarm für Menschenaffen auffallend kurz, die Hand gestreckt und schmal, das Bein ebenfalls kurz, der Fuß der Hand entsprechend gebaut; auch zeigt der hinterste Backenzahn nur vier Höcker und einen hinteren Anhang. Sein Gesicht ist ziemlich breit und flach, die Stirn tritt namentlich bei alten merklich, jedoch weit weniger als beim Gorilla zurück und das Kinn in demselben Verhältnisse vor, so daß der Gesichtswinkel 55 Grad beträgt. Die Augenbrauenbogen stehen deutlich vor; die Nase ist klein und flach, der Mund übermäßig groß; die schmalen, weit vorstreckbaren Lippen sind im Leben vielfach gefaltet. Die Ohrmuschel ist viel größer, steht auch weiter vom Kopfe ab als bei dem Menschen und zeigt fast denselben Bau wie beim Gorilla. Die Knochen des Schimpansen sind, laut Hartmann, im ganzen schlanker und zierlicher als diejenigen des Gorilla. Dem Schädel des männlichen Schimpansen fehlt der riesige Knochenkamm des ebengenannten Verwandten gänzlich; ebensowenig bemerkt man an ihm die beim männlichen Gorilla sehr mächtigen, beim weiblichen deutlich erkennbaren Knochenwülste über den Augen.

Um zu beweisen, daß die Alten den Schimpansen gekannt haben, führt man das berühmte Mosaikbild an, welches einstmals den Tempel der Fortuna in Präneste schmückte und unter vielen anderen Tieren der oberen Nilländer auch unseren Menschenaffen dargestellt haben soll. Erwähnt wird dieser von vielen Schriftstellern der letztvergangenen Jahrhunderte meist unter dem Namen Insiëgo oder Nschiëgo, welchen er in Mittelafrika noch heute führt. Ein junger Schimpanse wurde in der ersten Hälfte des 17. Jahrhunderts lebend nach Europa gebracht, von Tulpius und Tyson zergliedert und von Dapper beschrieben. Von dieser Zeit an gelangte das Tier wiederholt zu uns, und neuerlich trifft es sogar mit einer gewissen Regelmäßigkeit auf dem europäischen Tiermarkte ein.

Während man früher Ober- und Niederguinea für seine ausschließliche Heimat hielt, wissen wir durch Heuglin und Schweinfurth, daß er sich bis tief in das Innere von Afrika verbreitet. »Auf dem dichtbelaubten Hochholze längs der Flüsse im Lande der Niam-Niam«, sagt Heuglin, »haust in Paaren und Familien der Mban (richtiger Boâm), ein Affe von der Größe eines Mannes und von wildem Wesen, welcher sich nicht scheut, den ihn verfolgenden Jäger anzugreifen. Er baut sich große Nester auf den Kronen der Bäume und versieht sie mit einem dichten Schutzdache gegen den Regen. Er hat eine olivenschwärzliche, nicht dichte Behaarung, nacktes, fleischfarbenes Gesicht und weißliches Gesäß.« Vorstehende Schilderung, welche durch Schweinfurths Angaben durchaus bestätigt wird, kann sich nur auf den Schimpansen beziehen, und diese Ansicht wird unterstützt durch die Berichte des Letztgenannten und Hartmanns über die wenigen Stücke dieses mittelafrikanischen Affen, welche in schlecht zubereiteten Bälgen nach Europa gelangt sind. Schweinfurth erfuhr, daß ein Krainer Jäger, Klancznik, im Jahre 1863 außer einer Ladung Sklaven auch einen lebenden Schimpansen vom oberen Weißen Flusse mitbrachte. Der Affe starb, noch ehe er Chartum erreichte, wurde dort abgehäutet und der Hochschule für Ärzte in Kairo überlassen. Hier sah Schweinfurth den Balg; auf der Pariser Ausstellung konnte Hartmann einen zweiten untersuchen. Beide Forscher sprechen sich dahin aus, daß man das Tier als Schimpansen bestimmen müsse. »Im Dezember 1868,« schaltet Schweinfurth hier ein, »fand ich in Chartum einen dritten, schlecht ausgestopften, aber sehr großen Balg des betreffenden Affen, welcher sich gegenwärtig im Berliner Museum befindet und sich nach Haitmanns Überzeugung nicht von dem westafrikanischen Schimpansen unterscheidet. Unter den von mir bereisten Ländern des tiefsten Inneren von Afrika nenne ich als Heimat dieses Menschenaffen vor allen anderen das waldreiche Land des Königs Uando, weil das Tier hier besonders häufig auftreten muß. In einem Dorfe nahm ich zwölf vollständige Schädel von einem einzigen der hier gebräuchlichen Merkpfähle, welche mit Beutezeichen der Jagd behangen zu werden pflegen. In dem bevölkerten Monbuttulande dagegen, welches weite, dem Bananenbau gewidmete Lichtungen in sich schließt, scheint das menschenscheue Tier nur ein ziemlich vereinzeltes Dasein zu führen. Auch wurde mir erzählt, daß er sich auf den von ihm bewohnten Bäumen Nester errichte.« In Ober- und Niederguinea bewohnt der Schimpanse die großen Wälder in den Flußtälern und an der Küste, scheint jedoch trockene Gegenden feuchten vorzuziehen.

»Man kann nicht sagen,« berichtet Savage, »daß die Schimpansen gesellig leben, da man selten mehr als ihrer fünf, höchstens ihrer zehn zusammen findet. Auf gute Gewähr mich stützend, darf ich behaupten, daß sie sich gelegentlich in größerer Anzahl versammeln, um zu spielen. Einer meiner Berichterstatter versichert, bei einer solchen Gelegenheit einmal nicht weniger als ihrer fünfzig gesehen zu haben, welche sich durch Jubeln, Schreien und Trommeln auf alten Stämmen erfreuten. Sie meiden die Aufenthaltsorte der Menschen soviel als möglich. Ihre Wohnungen, mehr Nester als Hütten, errichten sie auf Bäumen, im allgemeinen nicht hoch über dem Boden. Größere oder kleinere Zweige werden niedergebogen, abgeknickt, gekreuzt und durch einen Ast oder einen Gabelzweig gestützt. Zuweilen findet man ein Nest nahe dem Ende eines dicken blattreichen Astes, acht bis zwölf Meter über der Erde; doch habe ich auch eins gesehen, welches nicht niedriger als dreizehn Meter sein konnte. Einen festen Standort haben die Schimpansen nicht, wechseln ihren Platz vielmehr beim Aufsuchen der Nahrung oder aus sonstigen Gründen, je nach den Umständen. Wir sahen sie öfters auf hochgelegenen Stellen, wohl nur deshalb, weil die dem Reisbau der Eingeborenen günstigeren Niederungen öfters gelichtet werden und jenen dann passende Bäume zum Bau ihrer Nester mangeln. Selten sieht man mehr als ein oder zwei Nester auf einem und demselben Baume oder sogar in derselben Umgebung. Doch hat man einmal deren fünf gefunden.« Nester, wie solche Du-Chaillu bespricht und abbildet, wahrhaft künstliche Flechtereien nämlich, beschreibt kein einziger der übrigen Berichterstatter.

In der Ruhe nimmt der freilebende Schimpanse gewöhnlich eine sitzende Stellung an. Man sieht ihn in der Regel stehen oder gehen; wird er dabei entdeckt, so fällt er unverzüglich auf alle viere und entfernt sich fliehend von dem Beobachter. Sein Bau ist derart, daß er nicht ganz aufrecht stehen kann, sondern stets nach vorn neigt; wenn er steht, sieht man ihn die Hände über dem Hinterhaupts zusammenschlagen oder über der Lendengegend kreuzen, was notwendig zu sein scheint, um sich im Gleichgewichte zu erhalten. Die Zehen sind beim Erwachsenen stark gebogen und nach innen gewendet, können auch nicht vollständig ausgestreckt werden. Beim Versuche hierzu erhebt sich die Haut des Fußrückens in dicken Falten, woraus hervorgeht, daß völlige Streckung des Fußes ihm unnatürlich ist. Die ihm bequemste Stellung ist die auf allen vieren, wobei der Leib auf den Knöcheln ruht. Infolge des Gebrauches sind letztere verbreitert und wie die Fußsohle mit schwieliger Haut bekleidet. Wie man schon aus dem Baue vermuten kann, ist der Schimpanse ein geschickter Kletterer. Bei seinen Spielen schwingt er sich auf weite Entfernungen von einem Baume zum anderen und springt mit staunenerregender Behendigkeit. Nicht selten sieht man die »alten Leute«, wie einer meiner Berichterstatter sich ausdrückt, unter einem Baume sitzen, mit Aufzehren von Früchten und freundschaftlichem Geschwätz sich unterhaltend, während ihre Kinder um sie herumspringen und ausgelassen von Baum zu Baume klettern. Die Nahrung besteht wahrscheinlich aus denselben Pflanzen und Früchten, welche der Gorilla verzehrt: Früchte, Nüsse, Blatt- und Blütenschößlinge, vielleicht auch Wurzeln bilden wohl die Hauptspeise. Nicht selten soll er Bananen und andere Fruchtbäume besuchen, welche die Neger zwischen ihren Maisfeldern anpflanzen, oder sich in verlassenen Negerdörfern, in denen die Papaya in großer Menge wächst, einfinden und dort so lange verweilen, als es Nahrung gibt, nach Aufzehrung derselben aber wieder Wanderungen von größerer oder geringerer Ausdehnung unternehmen.

Der Schimpanse bekundet scharfen Verstand und warme Liebe zu seinen Jungen. Ein Weibchen, welches sich mit seinem Manne und zwei Jungen auf einem Baume befand und von dem Jäger aufgefunden wurde, stieg zuerst mit großer Schnelligkeit herunter und versuchte mit dem Männchen und einem Jungen ins Dickicht zu entfliehen. Bald darauf aber kehrte es zur Rettung des zurückgebliebenen Jungen zurück, stieg wieder auf den Baum, nahm das Kind in seine Arme und erhielt in demselben Augenblicke die tödliche Kugel, welche auf dem Wege zum Herzen der Mutter durch den Vorderarm des Jungen drang. In einem anderen Falle blieb die Mutter, nachdem sie entdeckt war, mit ihrem Jungen auf dem Baume und folgte aufmerksam dem Vorgehen des Jägers. Als er zielte, bewegte sie ihre Hand, genau in der Weise, wie ein Mensch tun würde, um den Gegner zum Abstehen und Fortgehen zu bewegen. Verwundete suchen das Blut durch Aufdrücken der Hand oder, wenn dies nicht ausreicht, durch Auflegen von Blättern und Gras zu stillen, schreien auch laut, »nicht unähnlich einem Menschen, welcher plötzlich in große Not gerät«. Ferner wird erzählt, daß sich die Schimpansen in ihrer geschlechtlichen Liebe weit weniger abschreckend als andere Affen zeigen, sogar eine gewisse Sittsamkeit an den Tag legen sollen. Auch von ihnen geht überall, wo sie vorkommen, das Gerücht, daß die Männchen an weiblichen Menschen, Gefallen finden, und diese Behauptung erscheint denjenigen, welche das Gebaren großer männlicher Affen beim Anblicke von Frauen aus eigener Erfahrung kennengelernt haben, durchaus nicht unwahrscheinlich.

Über Zeit und Umstände der Paarung, Schwangerschaft und Entwicklung der Jungen usw. sind mir keinerlei Angaben bekannt; ich weiß bloß aus Beobachtung an gefangenen Jungen, daß deren Wachstum weit langsamer vor sich geht, als man bisher angenommen zu haben scheint. Der Zahnwechsel beginnt nicht vor dem zurückgelegten vierten Lebensjahre, wahrscheinlich noch um ein Jahr später. Ein Schimpanse, welchen ich drei Jahre lang pflegte, war, als er in meinen Besitz kam, jedenfalls älter als zwei Jahre und wechselte erst kurz vor seinem Tode die unteren Schneidezähne; der Zahnwechsel würde also, die Richtigkeit meiner Annahme vorausgesetzt, erst im sechsten Lebensjahre stattgefunden haben. Wenn man, hierauf fußend, den Schimpansen bezüglich seines Wachstums und des zu erreichenden Alters dem Menschen annähernd gleichstellt, wird man sich schwerlich irren.

Unter den Eingeborenen Westafrikas geht eine Überlieferung, nach welcher die Schimpansen einmal Mitglieder ihres eigenen Stammes gewesen seien, wegen ihrer schlechten Gewohnheiten aber aus aller menschlichen Gesellschaft verstoßen und infolge ihres hartnäckigen Beharrens bei ihren gemeinen Neigungen allmählich auf den gegenwärtigen Zustand herabgesunken wären. Dies hindert die Eingeborenen übrigens nicht, die Herren Vettern zu essen; ja deren Leiber gelten, mit Palmöl gekocht, sogar für ein äußerst schmackhaftes Gericht.

Wie es scheint, kämpft der Schimpanse mit dem Menschen einzig und allein, um sich zu verteidigen. Fürchtet er gefangen zu werden, so leistet er dadurch Widerstand, daß er seine Arme um den Gegner schlingt, ihn zu sich heranzieht und zu beißen versucht. Savage hat einen Mann gesehen, welcher so an den Füßen bedeutend verwundet worden war. »Die starke Entwicklung der Eckzähne beim erwachsenen Schimpansen möchte Neigung zu Fleischnahrung andeuten. Solche zeigt sich jedoch nur, wenn er gezähmt wurde. Anfänglich weist er Fleisch zurück, nach und nach aber verzehrt er es mit einer gewissen Vorliebe. Die Eckzähne, welche sich frühzeitig entwickeln, spielen also nur eine Rolle bei der Verteidigung. Kommt ein Schimpanse mit dem Menschen in Zwiespalt, so ist beinahe das erste, was er tun will, beißen.«

»Leider«, erzählt Schweinfurth, »war es mir noch nicht vergönnt, im Lande der Niam-Niam eine Jagd auf Schimpansen veranstalten zu sehen. Eine solche bereitet nämlich viele Schwierigkeiten. Nach Aussage der Niam-Niam selbst gehören dazu mindestens zwanzig bis dreißig entschlossene Jäger, denen die heikle Aufgabe zufällt, in den achtzig und mehr Fuß hohen Bäumen mit dem Schimpansen um die Wette umherzuklettern und dabei die gewandten und kräftigen Tiere in Fangnetze zu locken, in denen sie, einmal verwickelt, mit Lanzenwürfen leicht abgetan werden können. In solchen Fällen sollen sie sich grimmig und verzweifelt wehren, in die Enge getrieben, den Jägern sogar die Speere zu entreißen vermögen, mit welchen sie dann wütend um sich schlagen. Weit verderblicher aber noch soll den Angreifern der Biß ihrer gewaltigen Eckzähne und die erstaunliche Muskelstärke ihrer nervigen Arme werden.«

Unter allen Menschenaffen gelangt gegenwärtig der Schimpanse am häufigsten lebend zu uns, hält hier aber leider nur ausnahmsweise zwei bis drei Jahre aus, während er, wie man versichert, in Westafrika bis zwanzig Jahre in Gefangenschaft gelebt haben und groß und stark geworden sein soll. Bis jetzt hat man stets beobachtet, daß die Gefangenen sanft, klug und liebenswürdig waren. Grandpret sah auf einem Schiffe ein Weibchen, welches man gelehrt hatte, den Backofen zu heizen. Es erfüllte sein Amt zur allgemeinen Zufriedenheit, gab acht, daß keine Kohlen herausfielen, wußte, wann der Ofen den nötigen Grad von Hitze erlangt hatte, ging hin und berichtete den Bäcker durch sehr ausdrucksvolle Gebärden davon (?). Derselbe Affe verrichtete die Arbeit eines Matrosen mit ebensoviel Geschick wie Einsicht, wand das Ankertau auf, zog die Segel ein, band sie fest und arbeitete vollkommen zur Zufriedenheit der Matrosen, welche ihn zuletzt als ihren Maat betrachteten (?). Brosse brachte ein Pärchen junger Schimpansen nach Europa, ein junges Männchen und ein Weibchen. Sie setzten sich an den Tisch wie ein Mensch, aßen von allem und bedienten sich dabei des Messers, der Gabel und des Löffels, teilten auch alle Getränke, namentlich Wein und Branntwein mit den Menschen, riefen die Schiffsjungen, wenn sie etwas brauchten, und wurden böse, wenn diese es ihnen verweigerten, faßten die Knaben am Arme, bissen sie und warfen sie unter sich. Das Männchen wurde krank, und der Schiffsarzt ließ es deshalb zur Ader, so oft es sich unwohl fühlte, hielt es ihm stets den Arm hin. Buffon erzählt, daß sein Schimpanse traurig und ernsthaft aussah und sich abgemessen und verständig bewegte. Von den häßlichen Eigenschaften der Paviane zeigte er keine einzige, war aber auch nicht mutwillig wie die Meerkatzen, gehorchte aufs Wort oder auf ein Zeichen, bot den Leuten den Arm an und ging mit ihnen umher, setzte sich zu Tische, benutzte ein Vorstecktuch und wischte sich, wenn er getrunken hatte, damit die Lippen; schenkte sich selbst Wein ein und stieß mit anderen an, holte sich eine Tasse und Schale herbei, tat Zucker hinein, goß Tee darauf und ließ ihn kalt werden, bevor er ihn trank. Niemand fügte er ein Leid zu, sondern näherte sich jedem bescheiden und freute sich ungemein, wenn ihm geschmeichelt wurde. Traills Schimpanse hielt man einen Spiegel vor: sogleich war seine Aufmerksamkeit gefesselt; auf die größte Beweglichkeit folgte die tiefste Ruhe. Neugierig untersuchte er das merkwürdige Ding und schien stumm vor Erstaunen, blickte sodann fragend seinen Freund an, hierauf wieder den Spiegel, ging hinter diesen, kam zurück, betrachtete nochmals sein Bild und suchte sich durch Betasten desselben zu überzeugen, ob er wirkliche Körperlichkeit oder bloßen Schein vor sich habe, ganz so wie es wilde Völker tun, wenn ihnen zum erstenmal ein Spiegel gereicht wird. Leutnant Sayers erzählt von einem jungen Männchen, welches er wenige Tage nach der Gefangenschaft an der Westküste Afrikas erhielt, daß es sehr bald und im hohen Grade vertraut mit ihm wurde, noch innigere Freundschaft aber mit einem Negerknaben schloß und im höchsten Zorne zu kreischen anfing, wenn jener ihn nur für einen Augenblick verlassen wollte. Sehr eingenommen war der Affe für Kleidungsstücke, und das erste beste, das ihm in den Weg kam, eignete er sich an, trug es sogleich auf den Platz und setzte sich unabänderlich, mit selbstzufriedenem Gurgeln, darauf, gab es auch gewiß nicht ohne harten Kampf und ohne die Zeichen der größten Unzufriedenheit wieder her. »Als ich diese Vorliebe bemerkte,« fährt der Erzähler fort, »versah ich ihn mit einem Stück Baumwollenzeug, von dem er sich dann zur allgemeinen Belustigung nicht wieder trennen mochte und welches er überallhin mitschleppte, so daß keine Verlockung stark genug war, ihn auch nur für einen Augenblick zum Aufgeben des Zeuges zu bewegen. Die Lebensweise der Tiere in der Wildnis war mir völlig unbekannt; ich versuchte deshalb, ihn nach meiner Art zu ernähren, und hatte den besten Erfolg. Morgens um acht Uhr bekam mein Gefangener ein Stück Brot in Wasser oder in verdünnter Milch geweicht, gegen zwei Uhr ein paar Bananen oder Pisang, und ehe er sich niederlegte wieder eine Banane, eine Apfelsine oder ein Stück Ananas. Die Banane schien seine Lieblingsfrucht zu sein, für sie ließ er jedes andere Gericht im Stiche, und wenn er sie nicht bekam, war er höchst mürrisch. Als ich ihm einmal eine verweigerte, bekundete er die heftigste Wut, stieß einen schrillen Schrei aus und rannte mit dem Kopfe so heftig gegen die Wand, daß er auf den Rücken fiel, stieg dann auf eine Kiste, streckte die Arme verzweiflungsvoll aus und stürzte sich herunter. Alles dies ließ mich so sehr für sein Leben fürchten, daß ich den Widerstand aufgab. Nun erfreute er sich seines Sieges auf das lebhafteste, indem er minutenlang ein höchst bedeutungsvolles Gurgeln hören ließ, kurz jedesmal, wenn man ihm seinen Willen nicht tun wollte, zeigte er sich wie ein verzogenes Kind. Aber so böse er auch werden mochte, nie bemerkte ich, daß er geneigt gewesen wäre, seinen Wärter oder mich zu beißen oder sich sonstwie an uns zu vergreifen.«

Ich kann diese Berichte nach eigener Erfahrung bestätigen und vervollständigen, da ich selbst mehrere Schimpansen jahrelang gepflegt und beobachtet habe. Einen solchen Affen kann man nicht wie ein Tier behandeln, sondern mit ihm nur wie mit einem Menschen verkehren. Ungeachtet aller Eigentümlichkeiten, welche er bekundet, zeigt er in seinem Wesen und Gebaren so außerordentlich viel Menschliches, daß man das Tier beinahe vergißt. Sein Leib ist der eines Tieres, sein Verstand steht mit dem eines rohen Menschen fast auf einer und derselben Stufe. Es würde abgeschmackt sein, wollte man die Handlungen und Streiche eines so hoch stehenden Geschöpfes einzig und allein auf Rechnung einer urteilslosen Nachahmung stellen, wie man es hin und wieder getan hat. Allerdings ahmt der Schimpanse nach; es geschieht dies aber genau in derselben Weise, in welcher ein Menschenkind Erwachsenen etwas nachtut, also mit Verständnis und Urteil. Er läßt sich belehren und lernt. Wäre seine Hand ebenso willig oder gebrauchsfähig wie die Menschenhand, er würde noch ganz anderes nachahmen, noch ganz anderes lernen. Er tut eben, so viel er zu tun vermag, führt das aus, was er ausführen kann; jede seiner Handlungen aber geschieht mit Bewußtsein, mit entschiedener Überlegung. Er versteht, was ihm gesagt wird, und wir verstehen auch ihn, weil er zu sprechen weiß, nicht mit Worten allerdings, aber mit so ausdrucksvoll betonten Lauten und Silben, daß wir uns über sein Begehren nicht täuschen. Er erkennt sich und seine Umgebung und ist sich seiner Stellung bewußt. Im Umgange mit dem Menschen ordnet er sich höherer Begabung und Fähigkeit unter, im Umgange mit Tieren bekundet er ein ähnliches Selbstbewußtsein wie der Mensch. Er hält sich für besser, für höher stehend als andere Tiere, namentlich als andere Affen. Sehr wohl unterscheidet er zwischen erwachsenen Menschen und Kindern: erstere achtet, letztere liebt er, vorausgesetzt, daß es sich nicht um Knaben handelt, welche ihn necken oder sonstwie beunruhigen. Er hat witzige Einfälle und erlaubt sich Späße, nicht bloß Tieren, sondern auch Menschen gegenüber. Er zeigt Teilnahme für Gegenstände, welche mit seinen natürlichen Bedürfnissen keinen Zusammenhang haben, für Tiere, welche ihn sozusagen nichts angehen, mit denen er weder Freundschaft anknüpfen noch in irgend ein anderes Verhältnis treten kann. Er ist nicht bloß neugierig, sondern förmlich wißbegierig. Ein Gegenstand, welcher seine Aufmerksamkeit erregte, gewinnt an Wert für ihn, wenn er gelernt hat, ihn zu benutzen. Er versteht Schlüsse zu ziehen, von dem einen auf etwas anderes zu folgern, gewisse Erfahrungen zweckentsprechend auf ihm neue Verhältnisse zu übertragen. Er ist listig, sogar verschmitzt, eigenwillig, jedoch nicht störrisch; er verlangt, was ihm zukommt, ohne rechthaberisch zu sein, bekundet Launen und Stimmungen, ist heute lustig und aufgeräumt, morgen traurig und mürrisch. Er unterhält sich in dieser und langweilt sich in jener Gesellschaft, geht auf passende Scherze ein und weist unpassende von sich. Seine Gefühle drückt er aus wie der Mensch. In heiterer Stimmung lacht er freilich nicht, aber er schmunzelt doch wenigstens, d. h. verzieht sein Gesicht und nimmt den unverkennbaren Ausdruck der Heiterkeit an. Trübe Stimmungen dagegen verkündet er ganz in derselben Weise wie ein Mensch, nicht allein durch seine Mienen, sondern auch durch klägliche Laute, welche jedermann verstehen muß, weil sie menschlichen mindestens in demselben Grade ähneln wie tierischen. Wohlwollen erwidert er durch die gleiche Gesinnung, Übelwollen womöglich in eben derselben Weise. Bei Kränkungen gebärdet er sich wie ein Verzweifelter, wirft sich mit dem Rücken auf den Boden, verzerrt sein Gesicht, schlägt mit Händen und Füßen um sich, kreischt und rauft sich sein Haar. Andere Affen bekunden ähnliche Geistesfähigkeiten: beim Schimpansen aber erscheint jede Äußerung des Geistes klarer, verständlicher, weil sie dem, was wir beim Menschen sehen, entschieden ähnlicher ist als die Verstandesäußerung jener Tiere.

Der Schimpanse, welcher, während ich diese Zeilen in die schnellläufige Feder des Eilschreibers fließen lasse, in meinem Zimmer umhergeht und sich nach Herzenslust unterhält, langte in der traurigsten Verfassung an. Er war ermüdet und ermattet von der Reise, krank und leiblich und geistig herabgekommen. In dieser Lage verlangte er die sorgsamste Pflege, eine solche, wie man einem kranken Kinde angedeihen laßt, und erhielt diese und eine treffliche Erziehung durch einen der ausgezeichnetsten Tierpfleger, meinen alten Freund Seidel, in der freundlichsten Weise. Kein Wunder, daß er an diesem Manne hängt wie ein Kind an seiner Mutter, daß er sich seinen Wünschen fügt und in überraschend kurzer Zeit zu dem folgsamsten Pfleglinge unter der Sonne geworden ist. Namentlich seitdem er seine Krankheit vollständig überwunden hat, zeigt er sich als ganz anderes Geschöpf als vorher. Er ist rege und tätig ohne Unterlaß, vom frühen Morgen bis zum späten Abend, sucht sich ununterbrochen mit irgendetwas zu beschäftigen, und sollte er auch nur mit seinen Händen klatschend auf seine Fußsohlen klopfen, ganz so wie Kinder es ebenfalls zu tun pflegen. So ungeschickt er zu sein scheint, wenn er geht, so gewandt und behend ist er wirklich, und zwar bei jeder Bewegung. In der Regel geht er in der sämtlichen Menschenaffen eigenen Weise auf allen vieren, und zwar mit schiefer Richtung seines Leibes, indem er sich mit den Händen auf die eingeschlagenen Knöchel stützt und entweder ein Hinterbein zwischen den Vorderarmen und eins außerhalb derselben setzt oder beide Hinterbeine zwischen die Vorderarme schiebt. Trägt er jedoch etwas, so richtet er sich fast zu voller Höhe auf, stützt sich nur mit einer Hand auf den Boden und bewegt sich dann eigentlich ebenso geschickt wie sonst. Wirklich aufrecht, also nur auf beiden Beinen allein, ohne sich mit einem Arme zu stützen, geht er bloß dann, wenn er in besondere Erregung gerät, beispielsweise wenn er glaubt, daß sich sein Pfleger von ihm entfernen wolle, ohne ihn mitzunehmen. Bei dieser Bewegung hält er die im Armgelenk gebogenen Hände seitlich vom Kopfe ab nach oben, um das Gleichgewicht herzustellen. Der Gang auf allen vieren sieht äußerst holperig aus, fördert aber verhältnismäßig rasch genug und jedenfalls mehr, als ein Mensch zu laufen imstande ist. Eigentliche Beweglichkeit und Behendigkeit entfaltet er aber doch nur im Klettern, und hierin unterscheidet er sich, wie wahrscheinlich alle übrigen Menschenaffen, wesentlich von seinen Ordnungsverwandten, Er klettert nach Art eines Menschen, nicht nach Art eines Tieres, und turnt in der ausgezeichnetsten Weise. Mit seinen Armen ergreift er einen Ast oder sonstigen Halt und schwingt sich nun mit überraschender Gewandtheit über ziemlich weite Entfernungen weg, macht auch verhältnismäßig große Sätze, immer aber so, daß er mit einer Hand oder mit beiden einen neuen Halt ergreifen kann. Die Füße spielen beim Klettern und Turnen den Händen gegenüber eine untergeordnete Rolle, obgleich sie selbstverständlich ebenfalls in Mitleidenschaft gezogen und die höchst beweglichen Zehen gebührend benutzt werden. Mit dem ihm gebotenen Turngeräte macht er sich vom Morgen bis zum Abend zu schaffen und weiß ihm fortwährend neue Seiten der Verwendung abzugewinnen. Er schaukelt sich minutenlang mit Behagen, klettert an seiner hängenden Leiter auf und ab, setzt diese in Bewegung, geht am Reck, mit den Händen festhängend, hin und her und führt andere Turnkünsteleien mit vollendeter Fertigkeit aus, ohne jemals im geringsten unterrichtet worden zu sein. So sicher er sich auf diesen ihm bekannten Turngeräten fühlt, so ängstlich gebärdet er sich, wenn er auf einen Gegenstand klettert, welcher ihm nicht fest genug zu sein scheint; ein wackeliger Stuhl z. B. erregt sein höchstes Bedenken. Den Händen fällt der größte Teil aller Arbeiten zu, welche er verrichtet. Mit ihnen untersucht und betastet, mit ihnen packt er Gegenstände, während der Fuß nur aushilfsweise als Greifwerkzeug benutzt wird. Er gebraucht seine Hände im wesentlichen ganz so wie ein Mensch und unterscheidet sich von diesem hauptsächlich darin, daß er die einzelnen Finger der Hand unter sich weniger als der Mensch bewegt, d. h. gewöhnlich mit dem Daumen und der übrigen ganzen Hand zugreift; doch wendet er bei genaueren Untersuchungen sehr regelmäßig auch den Zeige- oder Mittelfinger an.

Winwood Reade erzählt, daß ihm auf die Frage, ob sich der Gorilla auf die Brust schlage und ein Geräusch wie das einer Trommel hervorbringe, erwidert worden sei, der Gorilla habe keine Trommel, wohl aber der Schimpanse; daß man ihn dann, als er die Trommel zu sehen gewünscht, zu einem hohlen Baume geführt und ihm gezeigt habe, wie der Schimpanse diesem durch Stampfen mit den Beinen einen trommelnden Ton zu entlocken wisse. Der Bericht der Neger ist gewiß vollständig richtig; denn auch der zahme Schimpanse tut dasselbe, indem er bei heiterer Stimmung, gleichsam um seinen Übermut auszulassen, nicht bloß mit den Händen den Boden schlägt, wie andere Affen es ebenfalls tun, sondern auch mit den Beinen auf- und niedertrampelt, besonders da, wo es tönt, und damit allerdings ein trommelndes Geräusch hervorbringt. Er zeigt sich wahrhaft entzückt, wenn sich ein Mensch herbeiläßt, in derselben Weise wie er zu klopfen, ja er fordert Bekannte geradezu auf, derartig mit ihm zu spielen.

Mein Schimpanse kennt seine Freunde genau und unterscheidet sie sehr wohl von Fremden, befreundet sich aber bald mit allen, welche ihm liebreich entgegenkommen. Am behaglichsten befindet er sich im Kreise einer Familie, namentlich wenn er aus einem Zimmer ins andere gehen, Türen öffnen und schließen und sich sonstwie zu unterhalten vermag. Man vermeint es ihm anzusehen, wie gehoben er sich fühlt, wenn er sich einmal frei unter ihm wohlwollenden Menschen bewegen und mit ihnen am Tische sitzen darf. Merkt er, daß man auf seine Scherze eingeht, so beginnt er mit seinen Händen auf den Tisch zu klopfen und freut sich höchlich, wenn seine Gastgeber ihm folgen. Außerdem beschäftigt er sich mit genauer Untersuchung aller denkbaren Gegenstände, öffnet die Ofentüre, um sich das Feuer zu betrachten, zieht Kisten heraus, kramt sie aus und spielt mit dem, was er hier findet, vorausgesetzt, daß es nicht verdächtig erscheint; denn er ist im hohen Grade ängstlich und kann sich vor einem Gummiballe entsetzen. Sehr genau merkt er, ob er beobachtet wird oder nicht. Im ersteren Falle tut er nur das, was ihm erlaubt wird, im letzteren läßt er sich mancherlei Übergriffe zuschulden kommen, gehorcht aber, wenn sein Pfleger ihm etwas verbietet, auf das bloße Wort hin, obschon nicht immer sogleich. Lob feuert ihn an, namentlich wenn es sich um Schwingen und Turnen handelt. Beschenkt oder freudig überrascht, beweist er sich dankbar, indem er, ohne gerade hierzu abgerichtet oder gelehrt worden zu sein, seinen Arm zärtlich um die Schulter des Wohltäters legt und ihm eine Hand oder echt menschlich auch einen Kuß gibt. Genau dasselbe tut er, wenn er des Abends aus seinem Käfig genommen und auf das Zimmer gebracht wird. Er kennt die Zeit und zeigt sich schon eine Stunde, bevor er in sein Zimmer zurückgebracht wird, höchst unruhig. In dieser letzten Stunde darf sein Pfleger sich nicht entfernen, ohne daß er in ausdrucksvolles Klagen ausbricht oder sich auch wohl verzweifelnd gebärdet, indem er sich, wie beschrieben, auf den Boden wirft, mit Händen und Füßen strampelt und ein unerträgliches Kreischen ausstößt. Dabei beachtet er die Richtung, in welcher sich sein Pfleger bewegt, genau und bricht nur dann in Klagen aus, wenn er meint, daß jener ihn verlassen wolle. Wird er getragen, so setzt er sich wie ein Kind auf den Arm seines Pflegers, schmiegt den Kopf an dessen Brust und scheint sich außerordentlich behaglich zu fühlen. Von nun an hat er anscheinend bloß den einen Gedanken, sobald als möglich auf sein

Zimmer zu kommen, setzt sich hier auf das Sofa und betrachtet seinen Freund mit treuherzigem Blicke, gleichsam als wolle er in dessen Gesichte lesen, ob dieser ihm heute Abend wohl Gesellschaft leisten oder ihn allein lassen werde. Wenn er das erstere glaubt, fühlt er sich glücklich, wogegen er sich, wenn er das Gegenteil merkt, sehr unglücklich gebärdet, ein betrübtes Gesicht schneidet, die Lippen weit vorstößt, jammernd aufschreit, an dem Pfleger emporklettert und sich krampfhaft an ihm festhält. In solcher Stimmung hilft auch freundliches Zureden wenig, während dieses sonst die vollständigste Wirkung auf ihn äußert, ebenso wie er sich ergriffen zeigt, wenn er ausgescholten wurde. Man darf wohl sagen, daß er die an ihn gerichteten Worte vollständig versteht; denn er befolgt ohne Zögern die verschiedensten Befehle und beachtet alle ihm zukommenden Gebote; doch gehorcht er eigentlich nur seinem Pfleger, nicht aber Fremden, am wenigsten wenn diese sich herausnehmen, in Gegenwart seines Freundes etwas von ihm zu verlangen.

In hohem Grade anziehend benimmt er sich Kindern gegenüber. Er ist an und für sich durchaus nicht bösartig oder gar heimtückisch und behandelt eigentlich jedermann freundlich und zuvorkommend, Kinder aber mit besonderer Zärtlichkeit, und dies um so mehr, je kleiner sie sind. Mädchen bevorzugt er Knaben, aus dem einfachen Grunde, weil letztere es selten unterlassen können, ihn zu necken; und wenn er auch auf solche Scherze gern eingeht, scheint es ihn doch zu ärgern, sich von so kleinen Persönlichkeiten gefoppt zu sehen. Als er zum erstenmale meinem sechswöchigen Töchterchen gezeigt wurde, betrachtete er zunächst das Kind mit sichtlichem Erstaunen, als ob er sich über dessen Menschentum vergewissern müsse, berührte hierauf das Gesicht überaus zart mit einem Finger und reichte schließlich freundlich die Hand hin. Dieser Charakterzug, welchen ich bei allen von mir gepflegten Schimpansen beobachtet habe, verdient besonders deshalb hervorgehoben zu werden, weil er zu beweisen scheint, daß unser Menschenaffe auch im kleinsten Kinde immer noch den höher stehenden Menschen sieht und anerkennt. Gegen seinesgleichen benimmt er sich keineswegs ebenso freundlich. Ein junges Schimpansenweibchen, welches ich früher pflegte, zeigte, als ich ihm ein junges Männchen seiner Art beigesellte, keine Teilnahme, kein Gefühl von Freude oder

Freundschaft für dieses, behandelte das schwächere Männchen im Gegenteil mit entschiedener Roheit, versuchte es zu schlagen, zu kneipen, überhaupt zu mißhandeln, so daß beide getrennt werden mußten. Ein solches Betragen hat sich keiner der von mir gepflegten Schimpansen gegen Menschenkinder zuschulden kommen lassen.

Abweichend von anderen Affenarten ist er munter bis in die späte Nacht, mindestens so lange, als das Zimmer erleuchtet ist. Das Abendbrot schmeckt ihm am besten, und er kann deshalb nach seiner Ankunft im Zimmer kaum erwarten, daß die Wirtschafterin ihm den Tee bringt. Erscheint sie nicht, so geht er zur Tür und klopft laut an diese an; kommt jene, so begrüßt er sie mit freudigem »Oh! oh!«, bietet ihr auch wohl die Hand. Tee und Kaffee liebt er sehr, den ersteren stark versüßt und mit etwas Rum gewürzt, wie er überhaupt alles genießt, was auf den Tisch kommt, und sich auch an Getränken, namentlich an Bier, gütlich tut. Beim Essen stellt er sich auf das Sofa, stützt beide Hände auf den Tisch und legt sich mit dem einen Arme auf, nimmt mit der einen Hand die Obertasse von der unteren, schlürft mit Behagen den flüssigen Inhalt und geht dann erst zu den eingebrockten Brotstückchen über. So weit er diese erlangen kann, zieht er sie mit den Lippen an sich; geht es auf die Neige, so bedient er sich, da ihm untersagt ist, mit den Händen zuzulangen, des Löffels mit Geschick. Während des Essens zeigt er sich aufmerksam auf alles, was vorgeht, und seine Augen sind ununterbrochen nach allen Seiten gerichtet. Wie andere junge Tiere seiner Art hat er zuweilen natürlich zu erklärende Gelüste, ißt z. B. eine größere Menge Salz, ein Stück Kreide, eine Handvoll Erde; niemals aber habe ich an ihm die abscheuliche Unart, den eigenen Kot zu verschlingen, bemerkt, wie solches an Affen, einschließlich seiner Art- und Sippschaftsgenossen, und ebenso zuweilen an Menschenkindern beobachtet worden ist. Der innige Umgang mit ernst und verständig erziehenden Menschen hat seine Sitten auch in dieser Hinsicht veredelt und vielleicht vorhanden gewesene häßliche Gelüste im Keime erstickt.

Nachdem er gespeist, will er sich in seiner Häuslichkeit noch ein wenig vergnügen, jedenfalls noch nicht zu Bette gehen. Er holt sich ein Stück Holz vom Ofen oder zieht die Hausschuhe seines Pflegers über die Hände und rutscht so im Zimmer umher, nimmt ein Hand- oder Taschentuch, hängt sich dasselbe um oder wischt und scheuert

das Zimmer damit. Scheuern, Putzen, Wischen sind Lieblingsbe-
schäftigungen von ihm, und wenn er einmal ein Tuch gepackt hat,
läßt er es sich nur ungern wieder nehmen. Anfangs sehr unreinlich,
hat er sich bald daran gewöhnt, seinen Käfig, das Zimmer und das
Bett nicht mehr zu beschmutzen; und wenn er einmal das Mißge-
schick hat, in Schmutz zu treten, zeigt er sich sehr verdrießlich,
gebärdet sich genau wie ein Mensch in gleichem Falle, betrachtet
mit entschiedenem Ekel den Fuß, hält ihn so weit als möglich von
sich, schüttelt ihn ab und nimmt dann eine Handvoll Heu, um sich
damit zu reinigen. Ja, es ist bemerkt worden, daß er letzteres, nachdem es Dienste getan, zur Tür seines Käfigs hinauswarf.

Sobald das Licht ausgelöscht wird, legt er sich zu Bette, weil er
sich im Dunkeln fürchtet. Er schläft ruhig die Nacht hindurch,
streckt und reckt sich aber mitunter, namentlich wenn es ihm zu
kalt oder zu warm wird. In schwülen Sommernächten ruht er lang-
gestreckt auf dem Rücken, beide Hände gleichseitig unter den Kopf
gesteckt; im Winter hingegen liegt er mehr zusammengekauert. Mit
Tageshelle ermuntert er sich und ist von nun an wieder so rege als
tags vorher.

Mit anderen Tieren pflegt er wenig Umgang. Größere fürchtet er,
kleine mißachtet er. Ein Kaninchen, welches ihm zum Spielen bei-
gegeben wurde, mißhandelte er ebenso wie das erwähnte Weibchen
das zu ihm gesetzte Männchen der eigenen Art. Vögel lassen ihn
gleichgültig, falls sie nicht in besonders naher Beziehung zu seinem
Gebieter stehen und dadurch seine Teilnahme erregen. In seinem
Zimmer befindet sich ein Graupapagei, mit welchem er sich stets zu
schaffen macht. So furchtsam er selbst ist, so kann er es doch nicht
unterlassen, diesen zu ängstigen. Leise schleicht er an das Bauer
heran, hebt plötzlich eine Hand hoch und tut, als ob er seinen Gefährten erschrecken wolle. Dieser aber ist viel zu sehr an ihn gewöhnt, als daß er sich fürchten sollte, und hat für den Schimpansen
ergötzlicherweise nur ein verbietendes »Pst! pst!« welches er seinem
Herrn abgelauscht, zur Antwort. Vor Schlangen und anderen
Kriechtieren sowie vor Lurchen hat er eine lächerliche Furcht und
gebärdet sich ihnen gegenüber fast in derselben Weise wie nerven-
schwache Frauenzimmer oder verbildete Männer. Schon ihr Anblick verursacht ihm Entsetzen. Zeige ich ihm Krokodile, so ruft er
halb ängstlich, halb ärgerlich »Oh! oh!« und sucht sich schleunigst

zu entfernen; lasse ich ihn Schlangen durch eine Glasscheibe betrachten, so stößt er denselben Ruf aus, versucht sich aber nur ausnahmsweise zu entfernen, weil er die Bedeutung des trennenden Glases genau kennt; nehme ich aber eine Schildkröte, Eidechse oder Schlange in die Hand, so eilt er im schnellsten Laufe davon, um sich zu sichern. Alles schlangenähnliche Getier ist ihm unheimlich.

Heute, während ich diese Zeilen überlese, weilt das vortreffliche Tier nicht mehr unter den Lebenden. Eine Lungenentzündung, welche auf eine Halsdrüsengeschwulst folgte, hat seinem Dasein ein Ende gemacht. Ich habe mehrere Schimpansen krank und einige von ihnen sterben sehen: keiner von allen hat sich in seinen letzten Lebenslagen so menschlich benommen wie dieser eine. Das mehrfach erwähnte Männchen kam ebenfalls krank in Europa an, war, wie ein leidendes Kind in gleicher Lage, eigensinnig, klammerte sich ängstlich an dem ihm zuerteilten Wärter fest oder ruhte bewegungslos auf seinem Lager, den schmerzenden Kopf mit einer oder beiden Händen haltend, verweigerte Arzneien zu nehmen, zeigte sich auch sonst oft unfolgsam und unartig; vorstehend beschriebener Schimpanse, der gesittetste, welchen ich jemals kennengelernt habe, verleugnete auch während seiner Krankheit die ihm gewordene Erziehung nicht. Er genoß die sorgsamste Pflege mehrerer Ärzte, welche dem Verlaufe der Krankheit mit um so größerer Teilnahme folgten, je mehr sie den Leidenden schätzen lernten, und ich kann deshalb wohl nichts besseres tun, als einen dieser Ärzte, Dr. Martini, anstatt meiner reden zu lassen.

»In meiner Eigenschaft als Arzt machte ich die Bekanntschaft des Schimpansen Ende Dezember bei trübem Winterwetter. Ich zögerte nicht, der auch an mich ergangenen Bitte, dieses Tier zu behandeln, Folge zu leisten; denn die vergleichende Anatomie sprach im vorliegenden Falle dem Menschenarzte größeres Recht als dem Tierarzte für die Behandlung zu. Ich hatte den Schimpansen vordem oft beobachtet und die Ausgelassenheit seines Wesens, das lebhafte Mienenspiel, die rastlose Beweglichkeit und die unbegrenzte Liebe zu seinem Pfleger angestaunt. Um so mehr überraschte mich der Eindruck, welchen der kranke Affe auf mich machte. Bis auf den Kopf in sein Deckbett gehüllt, lag er ruhig und teilnahmlos gegen alles, was um ihn her vorging, auf seinem Lager, den Ausdruck schweren Leidens im Antlitze, von Hustenanfällen geplagt, in oberflächlicher, aber beschleunigter Atmung nach Luft haschend, nur zeitweise unter Schmerzensseufzern die Augen aufwärts schlagend. Wie ein Kind scheute er vor mir, dem ihm unbekannten Manne zurück und machte an diesem Tage eine genauere Untersuchung unmöglich. Letztere gelang erst, nachdem ich mir während der folgenden Besuche durch Beileidsbezeigungen und freundliches Nähertreten sein Vertrauen erworben hatte. Außer bedeutender Schwellung der Lymphdrüsen zu beiden Seiten des Halses ließen sich Veränderungen des Gewebes in beiden Lungenspitzen und eine neuerdings hinzugetretene Entzündung des linken unteren Lungenlappens feststellen. Hierzu kam noch eine eiternde Geschwulst vor und unterhalb des Kehlkopfes, welche nachweislich mit der Drüsenerkrankung im Zusammenhange stand und bereits Kehlkopf und Luftröhre zusammenpreßte, früher oder später also entweder zur Erstickung führen oder zum Durchbruche nach außen oder innen kommen oder, was wahrscheinlicher, ihren Inhalt in den Mittelfellraum senken und dadurch weitere Gefahren hervorrufen mußte. Das beklagenswerte Geschöpf schien sich dieser Geschwulst als Atmungshindernis bewußt zu sein: wie bräunekranke Kinder in ihrem Lufthunger nach dem Sitze des Leidens fassen, so führte der Schimpanse meine untersuchende Hand, als erwarte er in dunkler Ahnung von dieser Hilfe, immer und immer wieder zur Halsgeschwulst zurück.

Nach vorgängiger Beratung mit einem Berufsgenossen wurde die Öffnung des Senkungsgeschwüres durch einen Schnitt in der Höhe des Kehlkopfes als dringend notwendig erkannt. Leicht gefunden war dieser Rat, schwierig die Art und Weise der Ausführung. Jede Bewegung des leidenden Tieres während der wundärztlichen Operation konnte dem Messer eine tödliche oder doch schwer verletzende Richtung geben. Betäubung durch Chloroform war infolge der schweren Erkrankung der Lunge untersagt; Chloralhydrat in einer Gabe von drei Gramm versuchsweise angewandt, bewirkte kaum einen Halbschlummer, nicht aber Bewußtlosigkeit. Nach dreistündigem erfolglosen Warten gingen wir endlich mit Gewalt ans Werk. Vier Männer sollten das Tier festhalten. Umsonst: mit Aufbietung all seiner Kräfte schleuderte der Schimpanse die Leute zur Seite und hörte nicht eher zu toben auf, bis wir die vermeintlichen Peiniger zur Türe hinausgewiesen hatten. Was durch

Zwangsmittel nicht zu erreichen gewesen war, sollte jetzt zu unserem Erstaunen freiwillig gewählt werden. Wieder beruhigt durch gütliches Zureden und Liebkosungen, gestattete der Leidende ohne Widerstreben eine nochmalige Untersuchung der Halsgeschwulst und leitete auch diesmal bittenden Blickes meine Hand. Dies mußte uns ermutigen, die Operation ohne Hilfe betäubender Mittel und ohne jegliche Fessel zu wagen. Auf dem Schoße seines Pflegers sitzend, beugte der Affe den Kopf rückwärts und ließ sich willig in dieser Stellung festhalten. Die erforderlichen Schnitte waren rasch geführt; das Tier zuckte weder, noch gab es einen Laut des Schmerzes von sich. Eine Menge dünnflüssigen Eiters quoll hervor, und mit seiner Entleerung schwand die Geschwulst. Jetzt trat freiere Atmung ein, obwohl die bestehende Lungenentzündung immer noch eine Vermehrung der Atemzüge bedingte. Ein unverkennbarer Ausdruck der Freude und des Besserbefindens prägte sich in den Zügen des Kranken aus, und dankbar reichte er, unaufgefordert, uns beiden die Hand, beglückt umarmte er seinen Wärter.

Leider genügte die Beseitigung dieses einen Leidens nicht zur Rettung des Lebens. Die Halswunde heilte, aber die Lungenentzündung griff weiter um sich. So heldenmütig und verständig das kranke Tier sich während der wundärztlichen Behandlung gezeigt, so willig und folgsam nahm er die ihm gereichten Arzneien, so sanft und geduldig erschien er in seinen letzten Stunden. Er starb, wie ein Mensch, nicht wie ein Tier stirbt.«

Dies sind Beobachtungen, welche ich verbürge, und welche niemand bemäkeln soll. Möge man sich auch den Anschein eines ›tiefernsten Denkens‹ zu geben suchen, um zu beweisen, daß das Tier keinen Verstand besitze: ein solcher Schimpanse wirft alle Ergebnisse jenes tiefernsten Denkens einfach über den Haufen. Nicht aller Mensch, aber sehr viel Mensch ist in ihm!

Von dem afrikanischen Menschaffen unterscheidet sich der asiatische, welcher gewöhnlich Orang-Utan, d.h. Waldmensch (*Pithecus satyrus*), fälschlich Orang-Utang, auf Borneo aber Meias oder Majas genannt wird, durch die bedeutend längeren Arme, welche bis zu den Knöcheln der Füße herabreichen, und durch den kegel- oder pyramidenförmig zugespitzten Kopf mit weit vorstehender Schnauze, hat auch nur zwölf rippentragende Wirbel. Solange er jung ist, gleicht sein Schädel dem eines Menschenkindes in hohem Grade; mit dem zunehmenden Alter aber tritt das tierische auch bei ihm derartig hervor, daß der Schädel nur noch entfernt an den des jungen Affen erinnert.

Der größte männliche Orang-Utan, welchen Wallace erlegte, war im Stehen 1.35 m hoch, klafterte aber mit ausgestreckten Armen 2.4 m; das Gesicht war 35 cm breit; der Umfang des Leibes betrug 1.15 m. Der Leib, an welchem der Bauch stark hervortritt, ist an den Hüften breit, der Hals kurz und vorn faltig, weil das Tier einen großen Kehlsack besitzt, welcher aufgeblasen werden kann; die langen Gliedmaßen haben auch lange Hände und Finger. Die platten Nägel fehlen häufig den Daumen der Hinterhände. Die Lippen sind unschön, weil nicht allein gerunzelt, sondern auch stark aufgeschwollen und aufgetrieben; die Nase ist ganz flachgedrückt, und die Nasenscheidewand verlängert sich über die Nasenflügel hinaus; Augen und Ohren sind klein, aber denen des Menschen ähnlich gebildet. In dem furchtbaren Gebisse treten die Eckzähne stark hervor; der Unterkiefer ist länger als der Oberkiefer. Die Behaarung ist spärlich auf dem Rücken und sehr dünn auf der Brust, um so länger und reichlicher aber an den Seiten des Leibes, wo sie lang herabfällt. Im Gesichte entwickelt sie sich bartähnlich; auf den Oberlippen und am Kinne, am Schädel und auf den Unterarmen ist sie aufwärts, im übrigen abwärts gelichtet. Gesicht und Handflächen sind nackt, Brust und Oberseiten der Finger fast gänzlich nackt. Gewöhnlich ist die Färbung der Haare ein dunkles Rostrot, seltener ein Braunrot, welches auf dem Rücken und auf der Brust dunkler, am Barte aber heller wird. Die nackten Teile sehen bläulich- oder schiefergrau aus. Alte Männchen unterscheiden sich von den Weibchen durch ihre bedeutende Größe, dichteres und längeres Haar, reichlicheren Bart und eigentümliche Schwielen oder Hautlappen an den Wangen, welche sich halbmondförmig von den Augen an nach den Ohren hin und zum Oberkiefer herabziehen und das Gesicht auffallend verhäßlichen. Die jüngeren Tiere sind bartlos, sonst aber reicher behaart und dunkler gefärbt.

Einige Naturforscher nehmen mit den Eingeborenen mehrere Arten Orang-Utans an; andere halten die Unterschiede für solche, welche durch das Alter der Tiere bedingt werden.

Der Orang-Utan ist seit alter Zeit bekannt. Schon Plinius gibt an, daß es auf den indischen Bergen Satyrn gäbe, »sehr bösartige Tiere mit einem Menschengesicht, welche bald aufrecht, bald auf allen vieren gingen und wegen ihrer Schnelligkeit nur gefangen werden könnten, wenn sie alt oder krank seien.« Seine Erzählung erbt sich fort von Jahrhundert zu Jahrhundert und empfängt von jedem neuen Bearbeiter Zusätze. Man vergißt fast, daß man noch von Tieren redet; aus den Affen werden beinahe wilde Menschen. Übertreibungen jeder Art verwirren die ersten Angaben und entstellen die Wahrheit. Bontius, ein Arzt, welcher um die Mitte des 17. Jahrhunderts auf Java lebte, spricht wieder einmal aus eigener Anschauung. Er sagt, daß er den Waldmenschen einigemal gesehen habe, und zwar ebensowohl Männer als Weiber. Sie gingen öfters aufrecht und gebärdeten sich ganz wie andere Menschen. Bewunderungswürdig wäre ein Weibchen gewesen. Es habe sich geschämt, wenn unbekannte Menschen es betrachtet hätten, und nicht nur das Gesicht, sondern auch seine Blöße mit den Händen bedeckt; es habe geseufzt, Tränen vergossen und alle menschlichen Handlungen so ausgeübt, daß ihm nur die Sprache gefehlt habe, um wie ein Mensch zu sein. Die Javaner behaupten, daß die Affen wohl reden könnten, wenn sie nur wollten, es jedoch nicht täten, weil sie fürchteten, arbeiten zu müssen. Daß die Waldmenschen aus der Vermischung von Affen und indianischen Weibern entständen, sei ganz sicher. Schouten bereichert diese Erzählung durch einige Entführungsgeschichten, in denen Waldmenschen der angreifende, malaiische Mädchen aber der leidende Teil sind. Es versteht sich fast von selbst, daß die Orang-Utans nach allen diesen Erzählungen aufrecht auf den Hinterfüßen gehen, obwohl hinzugefügt wird, ›daß sie auch auf allen vier Beinen laufen könnten‹. Eigentlich sind die Reisebeschreiber an den Übertreibungen, welche sie auftischen, unschuldig, denn sie geben bloß die Erzählungen der Eingeborenen wieder. Diese wußten sich natürlich die Teilnahme der Europäer für unsere Affen zunutze zu machen, weil sie ihnen solche verkaufen wollten und deshalb ihre Ware nach Kräften priesen – nicht mehr und nicht minder, als es Tierschausteller bei uns zulande auch heute noch tun. Dank den trefflichen Forschungen Wallaces sind wir über das Freileben des Orang-Utan genauer unterrichtet als über das jedes anderen Menschenaffen. Der genannte Reisende hatte die beste Gelegenheit, das Tier kennen zu lernen und die Berichte der Eingeborenen mit seinen eigenen Beobachtungen zu vergleichen. Zur Ehre seiner Vorgänger, von denen mehrere, namentlich Owen, Kessel und Brooke bemüht waren, ihre Schilderungen von Fabeln und Irrtümern zu reinigen, muß ich sagen, daß unser Gewährsmann, obgleich er nur eigene Beobachtungen wiedergibt, die Angaben jener in allem wesentlichen bestätigt.

»Man weiß,« sagt er, »daß der Orang-Utan Sumatra und Borneo bewohnt, und hat guten Grund zu glauben, daß er auf diese beiden großen Inseln beschränkt ist. Jedoch scheint er auf der ersteren viel seltener zu sein als auf der letzteren. Hier hat er eine weite Verbreitung. Er bewohnt ausgedehnte Gegenden der Südwest-, Südost-, Nordost- und Nordwestküsten, hält sich aber ausschließlich in niedrig gelegenen und sumpfigen Wäldern auf. In Sadong findet man ihn bloß in flachen, wasserreichen, mit hohem Urwalde bedeckten Gegenden. Über die Sümpfe erheben sich viele vereinzelt stehende Berge, welche zum Teil von Dajaken bewohnt werden und mit Fruchtbäumen bebaut worden sind. Sie bilden für den Meias einen Anziehungspunkt; denn er besucht sie ihrer Früchte halber, obwohl er sich des Nachts stets in den Sumpfwald zurückzieht. In allen Gegenden, wo sich der Boden etwas erhebt und trocken ist, wohnt der Orang-Utan nicht. So kommt er beispielsweise in den tieferen Tälern des Sadonggebietes häufig vor, fehlt dagegen jenseits der Grenze, innerhalb welcher Ebbe und Flut bemerkbar sind. Der untere Teil des Saravaktales nun ist sumpfig, jedoch nicht überall mit hohem Walde bedeckt, sondern meist von der Ripapalme bestanden, und nahe der Stadt Saravak wird das Land trocken und hügelig und ist in Besitz genommen von kleinen Strecken Urwald mit Dschungeln. Eine große Fläche ununterbrochenen und gleichmäßig hohen Urwaldes ist für das Wohlbefinden unseres Affen Bedingung. Solche Wälder bilden für ihn ein offenes Land, in welchem er sich nach jeder Richtung hin bewegen kann, mit derselben Leichtigkeit wie der Indianer durch die Steppe und der Araber durch die Wüste zieht. Er geht von einem Baumwipfel zum anderen, ohne jemals auf den Boden hinabzusteigen. Die hohen und trockenen Gegenden, welche mehr durch Lichtungen und später auf diesen wachsendes niederes Dschungel bedeckt sind, eignen sich wohl für Menschen, nicht aber für die eigentümliche Art der Bewegung unseres Tieres, welches hier auch vielen Gefahren ausgesetzt sein würde. Wahrscheinlich finden sich außerdem in seinem Gebiete auch Früchte in größerer Mannigfaltigkeit, indem die kleinen inselartigen Berge als Gärten oder Anpflanzungen dienen, so daß inmitten der sumpfigen Ebene die Bäume des Hochlandes gedeihen können.

Es ist ein seltsamer und fesselnder Anblick, einen Meias gemächlich seinen Weg durch den Wald nehmen zu sehen. Er geht umsichtig einen der größeren Äste entlang in halb aufrechter Stellung, zu welcher ihn die bedeutende Länge seiner Arme und die verhältnismäßige Kürze seiner Beine nötigen, und zwar bewegt er sich wie seine Verwandten, indem er auf den Knöcheln, nicht wie wir auf den Sohlen geht. Stets scheint er solche Bäume zu wählen, deren Äste mit denen des nächststehenden verflochten sind, streckt, wenn er nahe ist, seine langen Arme aus, faßt die betreffenden Zweige mit beiden Händen, scheint ihre Stärke zu prüfen und schwingt sich dann bedächtig hinüber auf den nächsten Ast, auf welchem er wie vorher weitergeht. Nie hüpft oder springt er, niemals scheint er auch nur zu eilen, und doch kommt er fast ebenso schnell fort, wie jemand unter ihm durch den Wald laufen kann.« An einer anderen Stelle meint Wallace, daß er im Laufe einer Stunde bequem eine Entfernung von fünf bis sechs englischen Meilen zurücklegen könne. »Die langen mächtigen Arme sind für ihn von größtem Nutzen; sie befähigen ihn, mit Leichtigkeit die höchsten Bäume zu erklimmen, Früchte und junge Blätter von dünnen Zweigen, welche sein Gewicht nicht aushalten würden, zu pflücken und Blätter und Äste zu sammeln, um sich ein Nest zu bauen.« Ein von unserem Forscher verwundeter Orang-Utan zeigte seinem Verfolger, in welcher Weise der Bau solches Nestes geschieht. »Sobald ich geschossen hatte,« erzählt Wallace, »kletterte der Meias höher in den Wipfel des Baumes hinauf und hatte bald die höchsten Spitzen erreicht. Hier begann er sofort rings herum Zweige abzubrechen und sie kreuz und quer zu legen. Der Ort war trefflich gewählt. Außerordentlich schnell griff er mit seinem einzigen noch unverwundeten Arme nach jeder Richtung hin, brach mit der größten Leichtigkeit starke Äste ab und legte sie rückwärts quer übereinander, so daß er in wenigen Minuten eine geschlossene Masse von Laubwerk gebildet hatte, welche ihn meinen Blicken gänzlich entzog. Ein ähnliches Nest benutzt der Meias auch fast jede Nacht zum Schlafen; doch wird dieses meist niedriger auf einem kleinen Baume angebracht, in der Regel nicht höher als acht bis fünfzehn Meter über dem Boden, wahrscheinlich weil es hier weniger den Winden ausgesetzt ist als oben. Der Meias soll sich in jeder Nacht ein neues machen; ich halte dies jedoch deshalb kaum für wahrscheinlich, weil man die Überreste häufiger finden würde, wenn das der Fall wäre. Die Dajaken sagen, daß sich der Affe, wenn es sehr naß ist, mit Pandanusblättern oder sehr großen Farnen bedeckt. Das hat vielleicht zu dem Glauben verleitet, daß er sich eine Hütte in den Bäumen erbaue.

Der Orang-Utan verläßt sein Lager erst, wenn die Sonne ziemlich hoch steht und den Tau auf den Blättern getrocknet hat. Er frißt die mittlere Zeit des Tages hindurch, kehrt jedoch selten während zweier Tage zu demselben Baume zurück. Soviel ich in Erfahrung bringen konnte, nährt er sich fast ausschließlich von Obst, gelegentlich auch von Blättern, Knospen und jungen Schößlingen. Unreife Früchte zieht er den reifen anscheinend vor, ißt auch sehr sauere oder stark bittere. Insbesondere scheint ihm die große rote fleischige Samendecke einer Frucht vortrefflich zu schmecken. Manchmal genießt er nur den kleinen Samen einer großen Frucht und verwüstet und zerstört dann weit mehr als er ißt, so daß man unter den Bäumen, auf denen er gespeist hat, stets eine Menge Reste liegen sieht. In hohem Grade liebt er die Durian und vernichtet eine Menge dieser köstlichen Früchte, kreuzt aber niemals Lichtungen, um sie zu holen.« Die Durian wächst nach Wallace an einem großen und hohen Waldbaume, welcher in seinem Gesamtgepräge unserer

Ulme ähnlich ist, aber eine glattere und mehr blätterige Rinde besitzt. »Die Frucht ist rund oder leicht eiförmig, hat die Größe einer Kokosnuß, grüne Färbung und ist mit kleinen, starken, scharfen Stacheln bedeckt, deren Ansätze sich gegenseitig berühren und infolgedessen sechseckig erscheinen. Sie bewaffnen die Frucht so vollständig, daß es bei abgebrochenem Stengel seine Schwierigkeit hat, eine Durian vom Boden aufzuheben. Die äußere Rinde ist so dick und zähe, daß die Frucht nie zerbricht, von welcher Höhe sie auch herabfallen möge. Von der Wurzel zur Spitze sieht man fünf sehr schwach gezeichnete Linien, über welche sich die Stacheln ein wenig wölben; sie zeigen die Nähte an, in denen die Frucht mit einem starken Messer und einer kräftigen Hand geteilt werden kann. Die fünf Zellen sind innen atlasartig weiß, und jede wird von einer Masse rosafarbenen Breies angefüllt, in welchem zwei oder drei Samen von der Große einer Kastaniennuß liegen. Dieser Brei, das Eßbare, ist ebenso unbeschreiblich in seiner Zusammensetzung wie in seinem Wohlgeschmacke: ein würziger, butteriger, stark nach Mandeln schmeckender Eierrahm gibt die beste Vorstellung davon. Dazwischen aber machen sich Düfte bemerkbar, welche an Rahm, Käse, Zwiebelbrühe, Jerezwein und anderes Unvergleichbare erinnern. Auch hat der Brei eine würzige, klebrige Weichheit, welche sonst keinem Dinge zukommt und ihn noch schmackhafter macht. Die Durian ist weder sauer noch süß noch saftig, und doch bemerkt man den Mangel einer dieser Eigenschaften nicht. Denn sie erscheint so, wie sie ist vollkommen; sie verursacht keine Übelkeit, bringt überhaupt keine schlechten Wirkungen hervor, und jemehr man von ihr ißt, desto weniger fühlt man sich geneigt aufzuhören. Durianessen ist in der Tat eine neue Art von Empfindung, welche eine Reise nach dem Osten lohnt.« Es scheint wunderbar, wie der Meias imstande ist, diese Frucht zu öffnen. Wahrscheinlich beißt er zuerst einige Stacheln ab, macht dann ein kleineres Loch und sprengt die Schale mit seinen mächtigen Fingern.

Äußerst selten steigt der Orang-Utan auf die Erde herab, wahrscheinlich nur dann, wenn er, vom Hunger getrieben, saftige Schößlinge am Ufer sucht oder wenn er bei sehr trockenem Wetter nach Wasser geht, von welchem er für gewöhnlich genug in den Höhlungen der Blätter findet. Nur einmal sah ich zwei halberwachsene Orangs auf der Erde in einem trockenen Loche am Fuße der Siénunjohügel. Sie spielten zusammen, standen aufrecht und faßten sich gegenseitig an den Armen an. Niemals geht dieser Affe aufrecht, es sei denn, daß er sich mit den Händen an höheren Zweigen festhalte, oder aber, daß er angegriffen werde. Abbildungen, welche ihn darstellen, wie er mit einem Stocke geht, sind gänzlich aus der Luft gegriffen.

Vor dem Menschen scheint sich der Meias nicht sehr zu fürchten. Diejenigen, welche ich beobachtete, glotzten häufig einige Minuten lang auf mich herab und entfernten sich dann nur langsam bis zu einem benachbarten Baume. Wenn ich einen gesehen hatte, mußte ich oft eine halbe Meile und weiter gehen, um mein Gewehr zu holen; trotzdem fand ich ihn nach meiner Rückkehr fast stets auf demselben Baume oder innerhalb eines Umkreises von ein paar hundert Fuß. Niemals sah ich zwei ganz erwachsene Tiere zusammen, wohl aber Männchen wie auch Weibchen, zuweilen begleitet von halberwachsenen Jungen.

Die Dajaken sagen, daß der Meias niemals von Tieren im Walde angefallen wird, mit zwei seltenen Ausnahmen. Alle Dajakenhäuptlinge, welche ihr ganzes Leben an Orten zugebracht haben, wo das Tier häufig vorkommt, versicherten: kein Tier ist stark genug, um den Meias zu verletzen, und das einzige Geschöpf, mit dem er überhaupt kämpft, ist das Krokodil. Wenn er kein Obst im Dschungel findet, geht er an die Flußufer, um hier junge Schößlinge und Früchte, welche dicht am Wasser wachsen, zu fressen. Dann versucht es das Krokodil, ihn zu packen; der Meias aber springt auf dieses ein, schlägt es mit Händen und Füßen, zerfleischt und tötet es. Der Mann fügte hinzu, daß er einmal solchem Kampfe zugeschaut habe, und versicherte, daß der Meias stets Sieger bleibe. Ein anderer Häuptling sagte mir folgendes: ›Der Meias hat keine Feinde, denn kein Tier wagt es, ihn anzugreifen, bis auf das Krokodil und die Tigerschlange. Er tötet aber das Krokodil stets durch seine gewaltige Kraft, indem er sich auf den Gegner stellt, seine Kiefern aufreißt und ihm die Kehle aufschlitzt. Greift eine Tigerschlange den Meias an, so packt er sie mit seinen Händen, beißt sie und tötet sie bald. Der Meias ist sehr stark, kein Tier im Dschungel ist so kräftig wie er.‹

Ausnahmsweise geschieht es wohl auch, daß ein Orang-Utan mit Menschen kämpft. Eines Tages kamen einige Dajaken zu mir, um mir zu erzählen, daß ein Meias am gestrigen Tage einen ihrer Genossen beinahe getötet habe. Einige Meilen den Fluß hinab steht das Haus eines Dajak, und die Bewohner sahen einen großen Orang-Utan, welcher sich an den Schößlingen einer Palme am Ufer gütlich tat. Aufgeschreckt zog er sich in das Dschungel zurück, und eine Anzahl mit Speeren und Beilen bewaffneter Männer liefen hin, um ihm den Weg abzuschneiden. Der vorderste Mann versuchte seinen Speer durch den Körper des Tieres zu rennen; der Meias aber ergriff seinen Gegner mit den Händen, packte in demselben Augenblicke den Arm mit dem Maule und wühlte sich mit den Zähnen in die Muskeln über dem Ellenbogen ein, sie entsetzlich zerreißend und zerfetzend. Wären die anderen nicht zur Stelle gewesen, er würde den Mann noch weit ernstlicher verletzt, wenn nicht getötet haben. Die Gefährten aber machten das mutige Tier bald mit ihren Speeren und Beilen nieder. Der Verwundete blieb lange Zeit krank und erlangte den Gebrauch seines Armes niemals vollständig wieder. Von der Wahrheit dieser Erzählung konnte sich Wallace selbst überzeugen, weil er am nächsten Tage den Kampfplatz besuchte und dem getöteten Orang-Utan den Kopf abschnitt, um diesen seinen Sammlungen einzuverleiben.

Gelegentlich einer seiner Jagden erlangte unser Forscher auch einen jungen Orang-Utan. Von Dajaken herbeigerufen, sah er einen großen Meias sehr hoch auf einem Baume sitzen und erlegte ihn mit drei Schüssen. Während die Leute ihn zurüsteten, um ihn nach Hause zu tragen, bemerkte man noch ein Junges, welches mit seinem Kopfe im Sumpfe lag. »Dieses kleine Geschöpf,« berichtet Wallace, »war nur einen Fuß lang und hatte augenscheinlich am Halse der Mutter gehangen, als sie vom Baume herabfiel. Glücklicherweise schien es nicht verwundet zu sein, und nachdem der Mund vom Schlamme gesäubert worden war, fing es an zu schreien und schien kräftig und lebhaft. Als ich es nach Hause trug, geriet es mit seinen Händen in meinen Bart und faßte so fest hinein, daß ich große Mühe hatte, frei zu kommen; denn die Finger sind gewöhnlich am letzten Gelenke hakenartig nach innen gebogen. Es hatte noch keinen einzigen Zahn, doch kamen einige Tage darauf die beiden unteren Vorderzähne zum Vorschein. Unglücklicherweise konnte ich keine Milch schaffen, da weder Malaien noch Chinesen noch Dajaken dieses Nahrungsmittel verwenden, und vergeblich bemühte ich mich um ein weibliches Tier, welches mein Kleines säugen könnte. Ich sah mich daher genötigt, ihm Reiswasser aus der Saugflasche zu geben. Dies aber war doch eine zu magere Kost, und das kleine Geschöpf gedieh auch nicht gut dabei, obgleich ich gelegentlich Zucker und Kokosnußmilch hinzufügte, um die Atzung nahrhafter zu machen. Wenn ich meinen Finger in seinen Mund steckte, sog es mit großer Kraft, zog seine Backen mit aller Macht ein und strengte sich vergeblich an, etwas Milch herauszuziehen, und erst nachdem es das eine Zeitlang getrieben hatte, stand es mißmutig davon ab und fing ganz wie ein Kind unter ähnlichen Umständen zu schreien an. Liebkoste und wartete man es, so war es ruhig und zufrieden; sowie man es aber ablegte, schrie es stets, namentlich in den ersten paar Nächten, welche es unter großer Unruhe verbrachte. Ich machte einen kleinen Kasten als Wiege zurecht und reichte ihm eine weiche Matte, welche täglich gewechselt und gereinigt wurde, fand es jedoch sehr bald nötig, auch den kleinen Meias zu waschen. Diese Behandlung gefiel ihm, nachdem er sie einige Male durchgemacht hatte, in so hohem Grade, daß er zu schreien begann, sobald er schmutzig war, und nicht eher aufhörte, als bis ich ihn herausnahm und nach dem Brunnen trug. Obwohl er beim ersten kalten Wasserstrahl etwas strampelte und sehr komische Grimassen schnitt, beruhigte er sich dann doch sofort, wenn das Wasser über seinen Kopf lief. Das Abwaschen und Trockenreiben liebte er außerordentlich, und vollkommen glücklich schien er zu sein, wenn ich sein Haar bürstete. Dann lag er ganz still und streckte Arme und Beine von sich, während ich das lange Haar auf Rücken und Armen strählte. In den ersten paar Tagen klammerte er sich mit allen vieren verzweifelt an alles, was er packen konnte, und ich mußte meinen Bart sorgfältigst vor ihm in acht nehmen, da seine Finger das Haar hartnäckiger als irgendetwas festhielten und ich mich ohne Hilfe unmöglich von ihm befreien konnte. Wenn er aber ruhig war, wirtschaftete er mit den Händen in der Luft umher und versuchte irgend etwas zu ergreifen. Gelang es ihm, einen Stock oder einen Lappen mit zwei Händen oder mit diesen und einem Fuße zu fassen, so schien er ganz glücklich zu sein. In Ermangelung eines anderen ergriff er oft seine eigenen Füße, und nach einiger Zeit kreuzte er fast beständig seine Arme und packte mit jeder

Hand das lange Haar unter der entgegengesetzten Schulter. Bald aber ließ seine Kraft nach, und ich mußte auf Mittel sinnen, ihn zu üben und seine Glieder zu stärken. Zu diesem Zwecke verfertigte ich ihm eine kurze Leiter mit drei oder vier Sprossen und hängte ihn eine Viertelstunde lang daran. Zuerst schien ihm dies zu gefallen; er konnte jedoch nicht mit Händen und Füßen in eine bequeme Lage kommen und ließ, nachdem er jene verschiedene Male geändert hatte, eine Hand nach der anderen los, bis er zuletzt auf den Boden herabfiel. Manchmal, wenn er nur an zwei Händen hing, ließ er eine los und kreuzte sie nach der gegenüberliegenden Schulter, um hier sein eigenes Haar zu packen, und da ihm dieses meist angenehmer als der Stock zu sein schien, ließ er auch die andere los, fiel herab, kreuzte die Arme und lag zufrieden auf dem Rücken. Da ich sah, daß er Haar so gern hatte, bemühte ich mich, ihm eine künstliche Mutter herzustellen, indem ich ein Stück Büffelhaut in einen Bündel zusammenschnürte und niedrig über dem Boden aufhängte. Zuerst schien ihm das ausgezeichnet zu gefallen, weil er mit seinen Beinen nach Belieben umherzappeln konnte und immer etwas Haar zum Festhalten fand. Meine Hoffnung, die kleine Waise glücklich gemacht zu haben, schien erfüllt. Bald aber erinnerte er, sich seiner verlorenen Mutter und versuchte zu saugen. Dazwischen zog er sich soviel wie möglich in die Höhe und suchte nun überall nach der Saugwarze, bekam aber nur den Mund voll Haare und Wolle, wurde verdrießlich, schrie heftig und ließ nach zwei oder drei vergeblichen Versuchen gänzlich von seinem Vorhaben ab. Eines Tages war ihm etwas Wolle in die Kehle gekommen, und ich fürchtete schon, daß er ersticken würde; nach vielem Keuchen aber erholte er sich doch wieder. Somit mußte ich die nachgemachte Mutter zerreißen und den letzten Versuch, das kleine Geschöpf zu beschäftigen, aufgeben. Nach der ersten Woche fand ich, daß ich ihn besser mit einem Löffel füttern und ihm mehr abwechselnde und nahrhaftere Kost reichen könnte. Gut eingeweichter Zwieback mit etwas Ei und Zucker gemischt, manchmal süße Kartoffeln wurden gern gegessen, und ich bereitete mir ein nie fehlschlagendes Vergnügen dadurch, daß ich die drolligen Grimassen beobachtete, durch welche er seine Billigung oder sein Mißfallen über das, was ich ihm gegeben hatte, ausdrückte. Das arme kleine Geschöpf beleckte die Lippen, zog die Backen ein und verdrehte die Augen mit dem Ausdruck der höchsten Befriedigung, wenn er seinen Mund mit dem, was er besonders liebte, voll hatte, während er andererseits den Bissen eine kurze Zeit mit der Zunge im Munde herumdrehte, als ob er einen Wohlgeschmack daran suchen wolle, und wenn er ihn nicht süß oder schmackhaft genug fand, regelmäßig alles wieder ausspie. Gab man ihm dasselbe Essen fernerhin, so begann er zu schreien und schlug heftig um sich, genau wie ein kleines Kind im Zorne zu tun pflegt.

Als ich meinen jungen Meias ungefähr drei Wochen besaß, bekam ich glücklicherweise einen jungen Makaken, welcher klein aber sehr lebhaft war und allein fressen konnte. Ich setzte ihn zu dem Meias, und sie wurden sogleich die besten Freunde. Keiner fürchtete sich im geringsten vor dem anderen. Der kleinere Makak setzte sich ohne die mindeste Rücksicht auf den Leib, ja selbst auf das Gesicht des Meias, und während ich diesen fütterte, pflegte jener dabei zu sitzen und alles auf zunaschen, was daneben fiel, gelegentlich auch mit seinen Händen den Löffel aufzufangen. War ich mit der Atzung fertig geworden, so leckte er das, was an den Lippen des Meias saß, begierig ab und riß diesem schließlich das Maul auf, um zu sehen, ob noch etwas darin sei. Den Leib seines Gefährten betrachtete er wie ein bequemes Kissen, indem er sich oft darauf niederlegte, und der hilflose Meias ertrug allen Übermut seines Gefährten mit der beispiellosesten Geduld; denn er schien froh zu sein, überhaupt etwas Warmes in seiner Nähe oder einen Gegenstand zur Verfügung zu haben, um den er zärtlich seine Arme schlingen konnte. Nur wenn sein Gefährte weggehen wollte, hielt er ihn, so lange er konnte, an der beweglichen Haut des Rückens oder Kopfes oder auch wohl am Schwanze fest, und der Makak vermochte sich nur nach vielen kräftigen Sprüngen los zu machen. Merkwürdig war das verschiedene Gebaren dieser zwei Tiere, welche im Alter nicht weit auseinander sein konnten. Der Meias benahm sich ganz wie ein kleines Kind, lag hilflos auf dem Rücken, rollte sich langsam hin und her, streckte alle viere in die Luft, in der Hoffnung, irgend etwas zu erhaschen, war aber noch kaum imstande, seine Finger nach einem bestimmten Gegenstande hinzubringen, öffnete, wenn er unzufrieden war, seinen fast zahnlosen Mund und drückte seine Wünsche durch ein sehr kindliches Schreien aus; der junge Makak dagegen war in beständiger Bewegung, lief und sprang umher, wann und wo es ihm Vergnügen machte, untersuchte alles, ergriff mit der größten Sicherheit die kleinsten Dinge, erhielt sich mühelos auf dem Rande des Kastens im Gleichgewichte, kletterte an einem Pfahle hinauf und setzte sich in den Besitz von allem Eßbaren, welches ihm in den Weg kam. Man konnte sich keinen größeren Gegensatz denken: der Meias erschien neben dem Makaken noch mehr denn als ein kleines Kind.

Nachdem ich meinen Gefangenen ungefähr einen Monat besessen hatte, zeigte sich, daß er wohl allein laufen lernen würde. Wenn man ihn auf die Erde legte, stieß er sich mit den Beinen weiter oder überstürzte sich und kam so schwerfällig vorwärts. Wenn er im Kasten lag, pflegte er sich am Rande gerade aufzurichten, und es gelang ihm auch ein- oder zweimal bei dieser Gelegenheit, sich herauszuhelfen. War er schmutzig oder hungrig oder fühlte er sich sonst vernachlässigt, so begann er heftig zu schreien, bis man ihn wartete. Wenn niemand im Hause war oder wenn man auf sein Schreien nicht kam, wurde er nach einiger Zeit von selbst ruhig. Sowie er aber dann einen Tritt hörte, fing er wieder um so ärger an.

Nach fünf Wochen kamen seine beiden oberen Vorderzähne zum Vorschein. In der letzten Zeit war er nicht im geringsten gewachsen, sondern an Größe und Gewicht derselbe geblieben wie anfangs. Das kam zweifellos von dem Mangel an Milch und anderer ebenso nahrhafter Kost her. Reiswasser, Reis und Zwieback waren doch nur dürftige Ersatzmittel, und die ausgepreßte Milch der Kokosnuß, welche ich ihm manchmal gab, vertrug sich nicht mit seinem Magen. Dieser Nahrung hatte ich auch eine Erkrankung an Durchfall zuzuschreiben, unter welcher das arme kleine Geschöpf sehr litt; doch gelang es mir, ihn durch eine geringe Gabe Rizinusöl wieder herzustellen. Eine oder zwei Wochen später wurde er wieder krank und diesmal ernstlicher. Die Erscheinungen waren genau die des Wechselfiebers, auch von Anschwellungen der Füße und des Kopfes begleitet. Er verlor alle Eßlust und starb, nachdem er in einer Woche bis zu einem Jammerbilde abgezehrt war. Der Verlust meines kleinen Lieblings, den ich fast drei Monate besessen und großzuziehen gehofft hatte, tat mir außerordentlich leid. Monatelang hatte er mir durch sein drolliges Gebaren und seine unnachahmlichen Grimassen das größte Vergnügen bereitet.«

Zur Vervollständigung des von Wallace so trefflich gezeichneten Lebensbildes eines jungen Orang-Utan will ich noch einige ältere Berichte folgen lassen. Die ersten genauen Beobachtungen verdanken wir dem Holländer Vosmaern, welcher ein Weibchen längere Zeit zahm hielt. Das Tier war gutmütig und erwies sich niemals als boshaft oder falsch. Man konnte ihm ohne Bedenken die Hand in das Maul stecken. Sein äußeres Ansehen hatte etwas Trauriges, Schwermütiges. Es liebte die menschliche Gesellschaft ohne Unterschied des Geschlechtes, zog aber diejenigen Leute vor, die sich am meisten mit ihm beschäftigten. Man hatte es an eine Kette gelegt, worüber es zuweilen in Verzweiflung geriet; es warf sich dann auf den Boden, schrie erbärmlich und zerriß alle Decken, welche man ihm gegeben hatte. Als es einmal frei gelassen wurde, kletterte es behend in dem Sparrwerke der Decke umher und zeigte sich hier so hurtig, daß vier Personen eine Stunde lang zu tun hatten, um es wieder einzufangen. Bei diesem Ausfluge erwischte es eine Flasche mit Malagawein, entkorkte sie und brachte den Wein schleunigst in Sicherheit, stellte dann aber die Flasche wieder an ihren Ort. Es fraß alles, was man ihm gab, zog aber Obst und gewürzhafte Pflanzen anderen Speisen vor. Gesottenes und gebratenes Fleisch oder Fische genoß es ebenfalls sehr gern. Nach Kerbtieren jagte es nicht, und ein ihm dargebotener Sperling verursachte ihm viel Furcht; doch biß es ihn endlich tot, zog ihm einige Federn aus, kostete das Fleisch und warf den Vogel wieder weg. Rohe Eier soff es mit Wohlbehagen aus. Der größte Leckerbissen schienen ihm Erdbeeren zu sein. Sein gewöhnliches Getränk bestand in Wasser; es trank aber auch sehr gern alle Arten von Wein und besonders Malaga. Nach dem Trinken wischte es die Lippen mit der Hand ab, bediente sich sogar eines Zahnstochers in derselben Weise wie ein Mensch. Diebstahl übte es meisterhaft; es zog den Leuten, ohne daß sie es merkten, Leckereien aus den Taschen heraus. Vor dem Schlafengehen machte es stets große Anstalten. Es legte sich das Heu zum Lager zurecht, schüttelte es gut auf, legte sich noch ein besonderes Bündel unter den Kopf und deckte sich dann zu. Allein schlief es nicht gern, weil es die Einsamkeit überhaupt nicht liebte. Bei Tage schlummerte es zuweilen, aber niemals lange. Man hatte ihm eine Kleidung gegeben, welche es sich bald um den Leib und bald um den Kopf legte, und zwar ebensowohl wenn es kühl war als während der größten Hitze. Als man ihm einmal das Schloß seiner Kette mit dem Schlüssel öffnete, sah es mit großer Aufmerksamkeit zu und nahm sodann ein Stückchen Holz, steckte es ins Schlüsselloch und drehte es nach allen Seiten um. Einst gab man ihm eine junge Katze. Es hielt diese fest und beroch sie sorgfältig. Als die Katze es in den Arm kratzte, warf es sie weg, besah sich die Wunde und wollte fortan nichts wieder mit Miez zu tun haben. Es konnte die verwickeltsten Knoten an einem Stricke sehr geschickt mit den Fingern oder, wenn sie zu fest waren, mit den Zähnen auflösen und schien daran eine solche Freude zu haben, daß es auch den Leuten, welche nahe zu ihm hintraten, regelmäßig die Schuhe aufband. In seinen Händen besaß es eine außerordentliche Stärke und konnte damit die größten Lasten aufheben. Die Hinterhände benutzte es ebenso geschickt wie die vorderen. So legte es sich z. B., wenn es etwas mit den Vorderhänden nicht erreichen konnte, auf den Rücken und zog den Gegenstand mit den Hinterfüßen heran, Es schrie nie, außer wenn es allein war. Anfangs glich dieses Geschrei dem Heulen eines Hundes. Die Auszehrung machte seinem jungen Leben bald ein Ende.

Ein anderer zahmer Meias, von dem uns Jeffries erzählt, hielt seinen Stall sehr reinlich, scheuerte den Boden öfters mit einem Lappen und Wasser und entfernte alle Überreste von Speisen und dergleichen. Er wusch sich auch Gesicht und Hände wie ein Mensch. Ein anderer Orang-Utan zeichnete sich durch große Zärtlichkeit gegen alle aus, welche freundlich mit ihm sprachen, und küßte seinen Herrn und seinen Wärter echt menschlich. Gegen Unbekannte war er sehr schüchtern, gegen Bekannte ganz zutraulich.

Der Orang-Utan, welchen Cuvier in Paris beobachtete, war etwa zehn bis elf Monate alt, als er nach Frankreich kam, und lebte dort noch fast ein halbes Jahr. Seine Bewegungen waren langsam und auf dem Boden schwerfällig. Er setzte beide Hände geschlossen vor sich nieder, erhob sich auf seine langen Arme, schob den Leib vorwärts, setzte die Hinterfüße zwischen die Arme vor die Hände und schob den Hinterleib nach, stemmte sich dann wieder auf die Fäuste usw. Wenn er sich auf eine Hand stützen konnte, ging er auch auf den Hinterfüßen, trat aber immer mit dem äußeren Rande des Fußes auf. Beim Sitzen ruhte er in der Stellung der Morgenländer mit eingeschlagenen Beinen. Das Klettern wurde ihm sehr leicht; er umfaßte dabei den Stamm mit den Händen, nicht mit den Armen und Schenkeln. Wenn sich die Zweige zweier Bäume berührten, kam er leicht von einem Baume zum anderen. In Paris ließ man ihn an schönen Tagen oft in einem Garten frei; dann kletterte er rasch auf die Bäume und setzte sich auf die Äste. Wenn ihm jemand nachstieg, schüttelte er die Äste mit allen Kräften, als wenn er seinen Nachfolger abschrecken wollte; zog man sich zurück, so endeten diese Vorsichtsmaßregeln; erneuerte man den Versuch, so begannen sie sogleich wieder. Auf dem Schiffe hatte er sich oft im Takelwerke lustig gemacht; das Schwanken des Fahrzeugs hatte ihm jedoch viel Angst bereitet, und er war nie gegangen, ohne sich an Seilen und dergleichen festzuhalten. Beim Schlafen bedeckte er sich gern mit jedem Zeuge, welches er finden konnte, und die Matrosen durften sicher darauf zählen, daß sie ein ihnen fehlendes Kleidungsstück bei ihm finden würden. Die Essenszeit kannte er genau, kam regelmäßig zur rechten Zeit zu seinem Wärter hin und nahm, was dieser ihm gab. Fremdenbesuche wurden ihm oft lästig, und nicht selten versteckte er sich solange unter seinen Decken, bis die Leute wieder fort waren. Bei Bekannten tat er dies nie. Nur von seinem Wärter nahm er Futter an. Als sich einst ein Fremder an den gewöhnlichen Platz seines Pflegers setzte, kam er zwar herbei, verweigerte aber, als er den Fremden bemerkte, alle Nahrung, sprang auf den Boden, schrie und schlug sich wie in Verzweiflung vor den Kopf. Seine Speise nahm er mit den Fingern und nur selten gleich mit den Lippen auf und beroch alles, was er nicht kannte, vorher sorgfältig. Sein Hunger war unverwüstlich; er konnte wie die Kinder zu jeder Zeit essen.

Zuweilen biß und schlug er zu seiner Verteidigung um sich, aber nur gegen Kinder und mehr aus Ungeduld als aus Zorn. Er war überhaupt sanft und liebte die Gesellschaft, ließ sich gern schmeicheln und gab Küsse im eigentlichen Sinne. Wenn er etwas sehnsüchtig verlangte, ließ er einen starken Kehllaut hören. Denselben vernahm man gleichfalls, wenn er im Zorne war, doch wälzte er sich dann oft am Boden und schmollte, falls man ihm nicht willfahrte. Zwei junge Katzen hatte er besonders liebgewonnen und hielt die eine oft unter dem Arme oder setzte sie sich auf den Kopf, obschon sie sich mit ihren Krallen an seiner Haut festhielt. Einigemal betrachtete er ihre Pfoten und suchte die Krallen mit seinen Fingern auszureißen. Da ihm dies nicht gelang, duldete er lieber die Schmerzen, als daß er das Spiel mit seinen Lieblingen aufgegeben hätte.

Eine fernere Mitteilung rührt von einem guten Beobachter her, welcher den Orang-Utan drei Monate mit sich auf dem Schiffe hatte. Das Tier hauste, solange sich das Schiff in den asiatischen Gewässern befand, auf dem Verdecke, seinem beständigen Aufenthalte, und suchte sich nur des Nachts eine geschützte Stelle zum Schlafen aus. Während des Tages war der Orang-Utan außerordentlich aufgeräumt, spielte mit anderen kleinen Affen, welche sich an Bord befanden, und lustwandelte im Takelwerke umher. Das Turnen und Klettern schien ihm ein besonderes Vergnügen zu machen, denn er führte es mehrmals des Tages an verschiedenen Tauen aus. Seine Gewandtheit und die bei diesen Bewegungen sichtbar werdende Muskelkraft war erstaunenswert. Kapitän Smitt, der Beobachter, hatte einige hundert Kokosnüsse mitgenommen, von welchen der Affe täglich zwei erhielt. Die äußerst zähe, zwei Zoll dicke Hülle der Nuß, welche selbst mit einem Beile nur schwer zu durchhauen ist, wußte er mit seinem gewaltigen Gebiß sehr geschickt zu zertrümmern. Er setzte an dem spitzigen Ende der Nuß, wo die Frucht kleine Erhöhungen oder Buckel hat, mit seinen furchtbaren Zähnen ein, packte die Nuß dann mit dem rechten Hinterfuße und riß so regelmäßig die zähe Schale auseinander. Dann durchbohrte er mit seinen Fingern einige der natürlichen Öffnungen der Nuß, trank die Milch aus, zerschlug hierauf die Nuß an einem harten Gegenstände und fraß den Kern.

Nachdem das Schiff die Sundastraße verlassen hatte, verlor gedachter Waldmensch mit der abnehmenden Wärme mehr und mehr seine Heiterkeit. Er hörte auf zu turnen und zu spielen, kam nur noch selten auf das Verdeck, schleppte die wollene Decke seines Bettes hinter sich her und hüllte sich, sobald er stille saß, vollständig in diese ein. In der gemäßigten südlichen Zone hielt er sich größtenteils in der Kajüte auf und saß dort oft stundenlang mit der Decke über dem Kopfe regungslos auf einer Stelle. Sein Bett bereitete er sich ebenfalls mit der größten Umständlichkeit. Er schlief nie, ohne vorher seine Matratze zwei- bis dreimal mit dem Rücken der Hände ausgeklopft und geglättet zu haben. Dann streckte er sich auf den Rücken, zog die Decke um sich, so daß nur die Nase mit den dicken Lippen frei blieb, und lag in dieser Stellung die ganze Nacht oder zwölf Stunden, ohne sich zu rühren. In seiner Heimat geschah sein Aufstehen und Niederlegen so regelmäßig wie der Gang einer Uhr. Punkt sechs Uhr morgens oder mit Sonnenaufgang erhob er sich, und sowie der letzte Strahl der Sonne hinter dem Gesichtskreise entschwunden war, also Punkt sechs Uhr abends, legte er sich wieder nieder. Je weiter das Schiff nach Westen segelte und demgemäß in der Zeit abwich, um so früher ging er zu Bette und um so früher stand er auf, weil er eben auch nur seine zwölf Stunden schlief. Diese Veränderung des Schlafengehens stand übrigens nicht genau mit der Zeitrechnung des Schiffes im Verhältnis: allein eine gewisse Regelmäßigkeit war nicht zu verkennen. Am Vorgebirge der guten Hoffnung ging er bereits um zwei Uhr des Mittags zu Bette und stand um halb drei Uhr des Morgens auf. Diese beiden Zeiten behielt er später bei, obwohl das Schiff im Verlaufe seiner Reise die Zeit noch um zwei Stunden veränderte.

Außer den Kokosnüssen liebte er Salz, Fleisch, Mehl, Sago usw. und wandte alle mögliche List an, um sich während der Mahlzeit eine gewisse Fleischmenge zu sichern. Was er einmal gefaßt hatte, gab er nie wieder her, selbst wenn er geschlagen wurde. Drei bis vier Pfund Fleisch aß er mit Leichtigkeit auf einmal. Das Mehl holte er sich täglich aus der Küche und wußte dabei immer eine augenblickliche Abwesenheit des Kochs zu benutzen, um die Mehltonne zu öffnen, seine Hand tüchtig voll zu nehmen und sie nachher auf dem Kopfe abzuwischen, so daß er stets gepudert zurückkam. Dienstags und Freitags, sobald acht Glas geschlagen (d. h. zum

Essen geläutet) wurde, stattete er den Matrosen unwandelbar seinen Besuch ab, weil die Leute an diesen Tagen Sago mit Zucker und Zimt erhielten. Ebenso regelmäßig stellte er sich um zwei Uhr in der Kajüte ein, um am Mahle teilzunehmen. Beim Essen war er sehr ruhig und gegen die Gewohnheit der Affen reinlich; doch konnte er nie dazu gebracht werden, einen Löffel richtig zu gebrauchen. Er setzte den Teller einfach an den Mund und trank die Suppe aus, ohne einen Tropfen zu verschütten. Geistige Getränke liebte er sehr und erhielt deshalb mittags stets sein Glas Wein. Er leerte dieses in ganz eigentümlicher Weise. Aus seiner Unterlippe konnte er durch Vorstrecken einen drei Zoll langen und fast ebenso breiten Löffel bilden, geräumig genug, um ein ganzes Glas Wasser aufzunehmen. In diesen Löffel schüttete er das betreffende Getränk, und niemals trank er, ohne ihn vorher herzustellen. Nachdem er das ihm gereichte Glas sorgfältig berochen hatte, bildete er seinen Löffel, goß das Getränk hinein und schlürfte es sehr bedächtig und langsam zwischen den Zähnen hinunter, als ob er sich einen recht dauernden Genuß davon verschaffen wollte. Nicht selten währte dieses Schlürfen mehrere Minuten lang, und erst dann hielt er sein Glas von neuem hin, um es sich wieder füllen zu lassen. Er zerbrach niemals ein Gefäß, sondern setzte es stets behutsam nieder und unterschied sich hierdurch sehr zu seinem Vorteile von den übrigen Affen, welche, wie bekannt, Geschirre gewöhnlich zerschlagen.

Nur ein einziges Mal sah sein Besitzer, daß er sich an der Schiffswand aufrichtete und so einige Schritte weit ging. Dabei hielt er sich jedoch wie ein Kind, welches gehen lernt, immer mit beiden Händen fest. Während der Reise kletterte er selten umher und dann stets langsam und bedächtig; gewöhnlich tat er es nur dann, wenn ein anderer, kleiner Affe, sein Liebling, wegen einer Unart bestraft werden sollte. Dieser flüchtete dann regelmäßig an die Brust seines großen Freundes und klammerte sich dort fest, und Bobi, so hieß der Orang-Utan, spazierte mit seinem kleinen Schützlinge in das Takelwerk hinauf, bis die Gefahr verschwunden schien.

Man vernahm nur zwei Stimmlaute von ihm: einen schwachen, pfeifenden Kehllaut, welcher Gemütsaufregung kennzeichnete, und ein schreckliches Gebrüll, welches etwa dem einer geängsteten Kuh ähnelte und Furcht ausdrückte. Diese wurden einmal durch eine Herde von Potfischen hervorgerufen, welche nahe am Schiffe vorüberschwamm, und ein zweites Mal durch den Anblick verschiedener Wasserschlangen, welche sein Gebieter mit aus Java gebracht hatte. Der Ausdruck seiner Gesichtszüge blieb sich immer gleich.

Leider machte ein unangenehmer Zufall dem Leben des schönen Tieres ein Ende, noch ehe es Deutschland erreichte. Bobi hatte von seiner Lagerstätte aus den Kellner des Schiffes beobachtet, während dieser Rumflaschen umpackte, und dabei bemerkt, daß der Mann einige Flaschen bis auf weiteres liegen ließ. Es war zu der Zeit, als er sich schon um zwei Uhr nachmittags zu Bett legte. In der Nacht vernahm sein Herr ein Geräusch in der Kajüte, als wenn jemand mit Flaschen klappere, und sah beim Schimmer der auf dem Tische brennenden Nachtlampe wirklich eine Gestalt an dem Weinlager beschäftigt. Zu seinem Erstaunen entdeckte er in dieser seinen Orang-Utan. Bobi hatte eine bereits fast ganz geleerte Rumflasche vor dem Munde. Vor ihm lagen sämtliche leere Flaschen behutsam in Stroh gewickelt, die endlich gefundene volle hatte er auf geschickte Weise entkorkt und seinem Verlangen nach geistigen Getränken völlig Genüge leisten können. Etwa zehn Minuten nach diesem Vorgange wurde Bobi plötzlich lebendig. Er sprang auf Stühle und Tische, machte die lächerlichsten Bewegungen und gebärdete sich mit steigender Lebhaftigkeit, wie ein betrunkener und zuletzt wie ein wahnsinniger Mensch. Es war unmöglich, ihn zu bändigen. Sein Zustand hielt ungefähr eine Viertelstunde an, dann fiel er zu Boden; es trat ihm Schaum vor den Mund und er lag steif und regungslos. Nach einigen Stunden kam er wieder zu sich, fiel aber in ein heftiges Nervenfieber, welches seinem Leben ein Ziel setzen sollte. Während seiner Krankheit nahm er nur Wein mit Wasser und die ihm gereichten Arzneien zu sich, nichts weiter. Nachdem ihm einmal an den Puls gefühlt worden war, streckte er seinem Herrn jedesmal, wenn dieser an sein Lager trat, die Hand entgegen. Dabei hatte sein Blick etwas so Rührendes und Menschliches, daß seinem Pfleger öfters die Tränen in die Augen traten. Mehr und mehr nahmen seine Kräfte ab, und am vierzehnten Tage verschied er nach einem heftigen Fieberanfalle.

Ich habe mehrere lebende Orang-Utans beobachtet, keinen einzigen aber kennengelernt, welcher mit einem Schimpansen gleichen Alters hätte verglichen werden können. Allen fehlte die letzteren so auszeichnende neckische Munterkeit und die Lust zu scherzen; sie waren im Gegenteil ernsthaft bis zum äußersten, mehrere auch still und deshalb langweilig. Jede ihrer Bewegungen war langsam und gemessen, der Ausdruck ihrer braunen, gutmütigen Augen unendlich traurig. So stellten sie fast in jeder Hinsicht ein Gegenstück des Schimpansen dar.

Bei keiner Sippe der Affen zeigt sich die Entwicklung der Vorderglieder in gleichem Grade wie bei den Gibbons oder Langarmaffen. Sie tragen ihren Namen mit vollstem Rechte, denn die über alles gewohnte Maß verlängerten Arme erreichen, wenn sich ihr Träger aufrecht stellt, den Boden. Dieses eine Merkmal würde genügen, um die Langarmaffen von allen übrigen Mitgliedern ihrer Ordnung zu unterscheiden.

Die Gibbons bilden eine kleine Gruppe der Affen: man kennt gegenwärtig erst sieben Arten, welche ihr zugezählt werden müssen. Sie sind sämtlich Asiaten und gehören ausschließlich Ostindien und seinen Inseln an. Die Arten erreichen eine ziemlich bedeutende Größe, wenn auch keine einzige über einen Meter hoch wird. Ihr Körper erscheint trotz der starken und gewölbten Brust sehr schlank, weil die Weichengegend wie bei dem Windhunde verschmächtigt ist; die Hinterglieder sind bedeutend kürzer als die vorderen und ihre langen Hände bei einigen Arten noch durch die teilweise miteinander verwachsenen Zeige- und Mittelfinger ausgezeichnet. Der Kopf ist klein und eiförmig, das Gesicht menschenähnlich; die Gesäßschwielen sind klein, und der Schwanz ist äußerlich noch nicht sichtbar. Ein reicher und oft seidenweicher Pelz umhüllt ihren Leib; Schwarz, Braun, Braungrau und Strohgelb sind seine Hauptfarben.

Der Siamang (*Hylobates syndactylus*), wegen der am Grunde verwachsenen Zeige- und Mittelzehe auch wohl als Vertreter einer besonderen Untergattung betrachtet, ist der größte aller Langarmaffen und auch dadurch ausgezeichnet, daß seine Arme verhältnismäßig weniger lang als die der anderen Arten erscheinen. »Seine Gestalt nackt gedacht,« sagt Duvaucel, »würde eine häßliche sein, besonders deshalb, weil die niedrige Stirn bis auf die Augenbrauenbogen verkümmert ist, die Augen tief in ihren Höhlen liegen, die Nase breit und platt erscheint, die seitlichen Nasenlöcher aber sehr groß sind und das Maul sich fast bis auf den Grund der Kinnladen öffnet. Gedenkt man sonst noch des großen nackten Kehlsackes, welcher schmierig und schlaff wie ein Kropf am Vorderhalse herabhängt und sich beim Schreien ausdehnt, der gekrümmten, einwärts gekehrten Gliedmaßen, welche stets gebogen getragen werden, der untervorstehenden Höckern eingesenkten Wangen und des verkümmerten Kinnes, so wird man sich sagen müssen, daß unser Affe nicht zu den schönsten seiner Ordnung gehört. Ein dichter, aus langen, weichen und glänzenden Haaren gebildeter Pelz von tiefschwarzer Farbe deckt den Leib; nur die Augenbrauen sind rotbraun. Auf dem Hodensacke stehen lange Haare, welche, nach unten gekehrt, einen nicht selten bis zu den Knien herabreichenden Pinsel bilden. Die Haare richten sich am Vorderarme rückwärts, am Oberarme vorwärts, so daß am Ellenbogen ein Busch entsteht.« Nach Versicherung von Raffles kommen auch Weißlinge vor. Ausgewachsene Männchen erreichen einen Meter Höhe, klaftern aber beinahe das Doppelte.

Der Siamang ist in den Waldungen von Sumatra gemein und wurde von tüchtigen Forschern in der Freiheit wie in Gefangenschaft beobachtet.

Mehr das allgemeine Gepräge der Gattung zeigt der Hulock *(H. hulock)*, ein Langarmaffe von etwa 90 cm Höhe, ohne Kehlkopf und mit freien Zehen. Sein Pelz ist bis auf eine weiße Stirnbinde kohlschwarz, der des Jungen schwarzbraun, an den Gliedmaßen längs der Mittellinie des Leibes und auf dem Rücken aschgrau. Die Gesäßschwielen sind deutlich. Der Hulock bewohnt Hinterindien und Bengalen, besonders häufig die Uferwaldungen am Burramputr in Assan.

Der Lar *(H. lar)* wird ungefähr ebenso groß wie der Hulock, hat schwarzgraue Färbung, lohfarbenes, rings von weißen Haaren umgebenes Gesäß und oberseits weißgraue, unterseits schwarze Hände und Füße. Das Vaterland ist Malakka und Siam.

Der Unko *(H. Rafflesii)* ähnelt dem Hulock in der Größe, unterscheidet sich aber durch die Färbung sowie anatomisch dadurch, daß er vierzehn Rippenpaare besitzt. Gesicht und Pelz sind schwarz, auf dem Rücken und an den Weichen rötlichbraun, Augenbrauen, Backen und Kinnbacken bei den Männchen weiß, bei dem bedeutend kleineren Weibchen schwarzgrau. Die Insel Sumatra ist das Vaterland des Unko; doch scheint er hier verhältnismäßig selten vorzukommen.

Der Wauwau *(H. agilis)* endlich, welcher demselben Vaterlande entstammt, hat ein nacktes blauschwarzes, beim Weibchen ins Bräunliche spielendes Gesicht und langen reichen Pelz, dessen Färbung am Kopfe, auf dem Bauche und den Innenseiten der Arme und Schenkel dunkelbraun ist, über den Schultern und nach dem Halse zu unmerklich heller wird und auf den Weichen ins Blaßbraune übergeht, während die Aftergegend bis zu den Kniekehlen weiß und rötelfarbig gemischt erscheint. Hände und Füße sind dunkelbraun. Das Weibchen ist lichter, der Backenbart minder lang als bei dem Männchen, obschon immer noch groß genug, so daß der Kopf breiter als hoch erscheint. Die Jungen sind einfarbig gelblichweiß.

Ihre ganze Ausrüstung weist die Langarmaffen zum Klettern an. Sie besitzen jede Begabung, welche zu einer raschen, anhaltenden und gewandten Kletter- oder Sprungbewegung erforderlich ist. Die volle Brust gibt großen Lungen Raum, welche nicht ermüden, nicht ihren Dienst versagen, wenn das Blut durch die rasche Bewegung in

Wallung gerät. Die starken Hinterglieder verleihen die nötige Schnellkraft zu weiten Sprüngen, die langen Vorderglieder unerläßliche Sicherheit beim Ergreifen eines Astes, welcher zu neuem Stützpunkte werden soll, mit kürzeren Armen aber leicht verfehlt werden könnte. Wie lang im Verhältnis diese Arme sind, wird am deutlichsten klar, wenn man vergleicht. Ein Mensch klaftert, wie bekannt, ebensoweit als er lang ist, der Gibbon aber klaftert fast das Doppelte seiner Leibeslänge; ein aufrecht stehender Mann berührt mit seinem schlaff herabhängenden Arm kaum sein Knie, der Gibbon hingegen seinen Knöchel. Daß solche Arme als Gehwerkzeuge fast unbrauchbar sind, ist erklärlich, sie eignen sich bloß zum Klettern. Deshalb ist der Gang der Langarmaffen ein trauriges Schwanken auf den Hinterfüßen, ein schwerfälliges Dahinschieben des Leibes, welcher nur durch die ausgestreckten Arme im Gleichgewichte erhalten werden kann, das Klettern und Zweigtanzen der Tiere aber ein lustiges, köstliches Bewegen, scheinbar ohne Grenzen, ohne Bewußtsein des Gesetzes der Schwere. Die Gibbons sind auf der Erde langsam, tölpisch, ungeschickt, kurz fremd, im Gezweige jedoch das gerade Gegenteil von alldem, ja wahre Vögel in Affengestalt. Wenn der Gorilla der Herkules unter den Affen ist, sind sie der leichte Merkur, trägt doch einer von ihnen, *Hylobates Lar*, seinen Namen zur Erinnerung an eine Geliebte des letzteren, an die schöne, aber schwatzhafte Najade Lara, welche durch ihre rastlose Zunge Jovis Zorn, durch ihre Schönheit aber zu ihrem Glücke noch Merkurs Liebe erweckte und hierdurch dem Hades entrann.

Am schwerfälligsten bewegt sich, seiner Gestalt entsprechend, der Siamang, da er nicht bloß langsam geht, sondern auch etwas unsicher klettert und nur im Springen seine Behendigkeit bekundet. Aber auch die übrigen vermögen auf dem Boden nur schwer fortzukommen. »Im Zimmer oder auf ebener Erde,« sagt Harlan vom Hulock, »gehen sie aufrecht und halten das Gleichgewicht ziemlich gut, indem sie ihre Hände bis über den Kopf erheben, ihre Arme an dem Handgelenke und im Ellenbogen leise biegen und dann rechts und links wankend ziemlich schnell dahinlaufen. Treibt man sie zu größerer Eile an, so lassen sie ihre Hände auf den Boden reichen und helfen sich durch Unterstützung schneller fort. Sie hüpfen mehr als sie laufen, halten den Leib jedoch immer ziemlich aufrecht.« Von den übrigen wird, gesagt, daß es aussehe, als ob der

Leib nicht allein zu lang, sondern auch viel zu schwer sei für die kurzen und dünnen Schenkel, sich deshalb vorn überneige, und daß ihre beiden Arme beim Gehen gleichsam als Stelzen benutzt werden müßten. »So kommen sie ruckweise vorwärts, vergleichbar einem auf Krücken humpelnden Greise, welcher eine stärkere Anstrengung fürchtet.« Ganz das Gegenteil findet statt, wenn sie sich kletternd bewegen. Alle Berichterstatter sind einstimmig in ihrer Bewunderung der Fertigkeit und Geschicklichkeit, welche die Langarmaffen im Gezweige bekunden.

Mit unglaublicher Raschheit und Sicherheit erklettert laut Duvaucel der Wauwau einen Bambusrohrstengel, einen Baumwipfel oder einen Zweig, schwingt sich auf ihm einigemal auf und nieder oder hin und her und schnellt sich nun, durch den zurückprallenden Ast unterstützt, mit solcher Leichtigkeit über Zwischenräume von zwölf bis dreizehn Meter hinüber, drei-, viermal nacheinander, daß es aussieht, als flöge er wie ein Pfeil oder ein schief abwärts stoßender Vogel. Man vermeint es ihm anzusehen, daß das Bewußtsein seiner unerreichbaren Fertigkeit ihm großes Vergnügen gewährt. Er springt ohne Not über Zwischenräume, welche er durch kleine Umwege leicht vermeiden könnte, ändert im Sprunge die Richtung und hängt sich an den ersten besten Zweig, schaukelt und wiegt sich an ihm, ersteigt ihn rasch, federt ihn auf und nieder und wirft sich wieder hinaus in die Luft, mit unfehlbarer Sicherheit einem neuen Ziele zustrebend. Es scheint, als ob er Zauberkräfte besäße und ohne Flügel gleichwohl fliegen könne: er lebt mehr in der Luft als in dem Gezweige. Was bedarf solch begabtes Wesen noch der Erde? Sie bleibt ihm fremd wie er ihr; sie bietet ihm höchstens die Labung des Trunkes, sonst stößt sie ihn zurück in sein luftiges Reich. Hier findet er seine Heimat; hier genießt er Ruhe, Frieden, Sicherheit; hier wird es ihm möglich, jedem Feinde zu trotzen oder zu entrinnen; hier darf er leben, erglühen in der Lust seiner Bewegung.

Diese Lust zeigte sich recht deutlich an einem weiblichen Wauwau, welchen man lebend nach London brachte. Man wollte an ihm die Bewegungsfähigkeit seiner Sippschaft prüfen und richtete ihm deshalb einen großen Raum besonders her. Hier und da, in verschiedenen Entfernungen, setzte man Bäume ein für das Kind der Höhe, um seinen wundervollen Bewegungen Spielraum zu gewähren. Die größte Weite von einem Aste zum anderen betrug nur sechs Meter – wenig für einen Affen, welcher in der Freiheit das Doppelte überspringen kann, viel, sehr viel für ein Tier, welches seiner Freiheit beraubt, in ein ihm fremdes und feindseliges Klima gebracht und seiner ursprünglichen Nahrung entwöhnt worden war, welches eben erst eine so lange, entkräftende Seereise überstanden hatte. Doch trotz all dieser mißlichen Umstände gab der Gibbon derartige Beweise seiner Bewegungsfähigkeit zu besten, daß, wie mein Gewährsmann sagt, »alle Zuschauer vor Erstaunen und Bewunderung geradezu außer sich waren«.

Es war ihm eine Kleinigkeit, sich von einem Aste auf den anderen zu schwingen, ohne die geringste Vorbereitung dazu bemerklich werden zu lassen, und er erreichte das erstrebte Ziel mit unwandelbarer Sicherheit. Er konnte seine Luftsprünge lange Zeit ununterbrochen fortsetzen, ohne dazu einen neuen ersichtlichen Ansatz zu nehmen; den zum Sprunge nötigen Abstoß gab er sich während der augenblicklichen Berührung der Äste, welche er sich zum Auffußen erwählt hatte. Ebenso sicher wie seine Bewegungen waren bei ihm Auge und Hand. Die Zuschauer belustigten sich, ihm während seiner Sprünge Früchte zuzuwerfen; er fing sie auf, während er die Luft durchschnitt, ohne es der Mühe wert zu achten, deshalb seinen Flug zu unterbrechen. Er hatte sich stets und vollkommen in seiner Gewalt. Mitten im schnellsten Sprunge konnte er die begonnene Richtung ändern; während des kräftigsten Dahinschießens erfaßte er einen Zweig mit einer seiner Vorderhände, zog mit einem Rucke die Hinterfüße zu gleicher Höhe empor, packte mit ihnen den Ast und saß nun einen Augenblick später so ruhig da, als wäre er nie in Bewegung gewesen.

Es läßt sich denken, daß der Gibbon in der Freiheit noch ganz andere Proben seiner Beweglichkeit bieten kann, und die Erzählungen der Beobachter dürften deshalb wohl auch allen Glauben verdienen, obgleich sie uns übertrieben zu sein scheinen. Die Berichterstatter vergleichen die Bewegungen der freilebenden Langarmaffen mit dem Fluge der Schwalben!

Die Beobachtung der Tiere im Freileben hat übrigens ihre Schwierigkeiten, weil fast alle Arten den Menschen meiden und nur selten an die Blößen in den Waldungen herankommen. »Meist leben sie,«

sagt Duvaucel vom Siamang, »in zahlreichen Herden, welche von einem Anführer geleitet werden, nach Versicherung der Malaien von einem Unverwundbaren ihres Geschlechtes. Überrascht man sie auf dem Boden, so kann man sie auch gefangen nehmen; denn entweder hat der Schreck sie stutzig gemacht, oder sie fühlen selbst ihre Schwäche und erkennen die Unmöglichkeit zu entfliehen. Die Herde mag so zahlreich sein wie sie will, stets verläßt sie den verwundeten Gefährten, es sei denn, daß es sich um einen ganz jungen handelt. In solchem Falle ergreift die Mutter ihr Kind, versucht zu fliehen, fällt vielleicht mit ihm nieder, stößt dann ein heftiges Schmerzensgeschrei aus und stellt sich dem Feinde mit aufgeblasenem Kehlsacke und ausgebreiteten Armen drohend entgegen. Die Mutterliebe zeigt sich aber nicht bloß in Gefahren, sondern auch sonst bei jeder Gelegenheit. Es war ein überraschendes Schauspiel, wenn es manchmal bei äußerster Vorsicht gelang zu sehen, wie die Mütter ihre Kleinen an den Fluß trugen, sie ungeachtet ihres Geschreies abwuschen, darauf wieder abwischten und trockneten und überhaupt eine Mühe auf ihre Reinigung verwendeten, welche man manchen Menschenkindern wünschen möchte. Die Malaien erzählten Diard, und dieser fand es späterhin bestätigt, daß die noch nicht bewegungsfähigen Jungen immer von demjenigen Teile ihrer Eltern getragen und geleitet werden, welcher ihrem Geschlechte entspricht, und zwar die männlichen Kleinen vom Vater, die weiblichen von der Mutter. Ebenso berichten sie, daß die Siamangs öfters den Tigern zur Beute würden, und zwar durch dieselbe Veranlassung wie kleine Vögel oder Eichhörnchen Beute der Schlangen, nämlich durch Bezauberung, was, wenn die Geschichte überhaupt wahr ist, nichts anderes sagen will, als daß die Todesangst gedachte Affen vollständig sinnlos gemacht hat.

Über die Hulocks liegen ebenfalls ziemlich ausführliche Berichte vor. Diese Affen halten sich, laut Harlan, vorzüglich auf niedrigen Bergen auf, da sie Kälte nicht ertragen können. Ihre Nahrung besteht aus Früchten, welche in den Bambuswäldern dieser Gegend vorkommen, namentlich aus Früchten und Samen des heiligen Propulbaumes. Sie verzehren aber auch gewisse Gräser, zarte Baumzweige und dergleichen, kauen diese aus und verschlucken den Saft, während sie die ausgekaute Masse wegwerfen. Nach Owen, welcher fast zwei Jahre lang im Wohngebiete der Hulocks lebte, vereinigen sich diese in ihren Wäldern zu Gesellschaften von hundert bis hundertundfünfzig Stück. Gewöhnlich bemerkt man sie in den Wipfeln der höchsten Olung- und Makkoibäume, auf deren Früchte sie sehr erpicht sind; manchmal aber kommen sie auf Fußpfaden aus dem dichten Walde heraus in die offenen Lichtungen. Eines Tages begegnete Owen plötzlich einer Gesellschaft von ihnen, welche sich fröhlich belustigten, bei seiner Annäherung aber sogleich Lärm schlugen und in das Dickicht der Bambus entflohen; ein andermal hingegen sah er sich, während er auf einer neu angelegten Straße einsam einherschritt, unvermutet von einer großen Gesellschaft unserer Affen umgeben, welche zwar überrascht, noch mehr jedoch erzürnt schienen über das Eindringen eines fremdartig gekleideten Menschen in den Bereich ihrer Herrschaft. Die Bäume ringsum waren voll von ihnen, und sie drohten von oben hernieder mit Grimassen und wildem Geschrei, als Owen vorüberging. Ja, einige von ihnen stiegen hinter ihm von den Bäumen herab und folgten ihm auf der Straße, so daß sie bei ihm die Meinung erweckten, sie wollten einen Anfall machen. Auf der ebenen Straße gelang es freilich bald, den Verfolgern zu entkommen. Bei seiner Rückkehr in die Behausung fragte unser Berichterstatter seinen Dolmetscher, ob es gewöhnlich sei, daß man von diesen Affen feindlich angegriffen werde, und erfuhr, daß vor wenigen Tagen eine Gesellschaft von Nagas, auf einem vielbogigen Pfade durch die Bambusgebüsche hintereinander gehend, von Hulocks angegriffen wurde, ja wahrscheinlich getötet worden wäre, hätten nicht die übrigen ihrem Vordermanne Hilfe leisten können. »In der Tat,« bemerkt Owen, »kann ich versichern, daß sie kräftige Kämpfer sind, da auch ein gezähmtes Weibchen des Wauwau einmal plötzlich seinen Wärter ergriff, auf ihn sprang, mit allen vier Händen kratzte und ihn in die Brust biß, wobei es noch ein Glück für den Mann war, daß es seine Eckzähne verloren hatte.« Ich muß bemerken, daß ich letztere Geschichte nicht glauben kann, denn alle übrigen Berichte widersprechen geradezu der Mitteilung Owens; namentlich wird hervorgehoben, daß Langarmaffen bei Annäherung des Menschen so eilig wie möglich fliehen, aus diesem Grunde auch nur äußerst selten einmal gesehen werden. Sie sind, wie mir Haßkarl mitteilt, ebenso vorsichtig wie neugierig und erscheinen deshalb nicht selten am Rande eines freien, zum Feldbau entholzten Platzes, namentlich da, wo sie noch nicht durch Jäger scheu gemacht worden sind, verschwinden aber im Augenblick, sobald sie bemerken, daß man sie beobachtet oder sich ihnen nähert, und werden dann so leicht nicht mehr gesehen. Um so öfter hört man sie. Bei Sonnenaufgang und Untergang pflegen sie ihre lautschallenden Stimmen zu einem so furchtbaren Geschrei zu vereinigen, daß man taub werden möchte, wenn man nah, und daß man wahrhaft erschrickt, wenn man die sonderbare Musik nicht gewohnt ist. Sie sind die Brüllaffen der Alten Welt, die Wecker der malaiischen Bergbewohner und zugleich der Ärger der Städter, denen sie den Aufenthalt in ihren Landhäusern verbittern. Man soll ihr Geschrei auf eine englische Meile weit hören können. Von gefangenen Langarmaffen hat man es auch oft vernommen, und zwar ebensogut von denen, welche Kehlsäcke besitzen, wie von denen, welchen diese Stimmverstärkungstrommeln fehlen. Ein guter Beobachter, Bennett, besaß einen lebenden Siamang und bemerkte, daß dieser, wenn er irgendwie erregt war, jedesmal die Lippen trichtermäßig vorstreckte, dann Luft in die Kehlsäcke blies und nun lospolterte, fast wie ein Truthahn. Er schrie ebensowohl bei freudiger wie bei zorniger Aufregung. Auch das Unkoweibchen in London schrie zuweilen laut, und zwar in höchst eigentümlicher, tonverständiger Weise. Man konnte das Geschrei sehr gut in Noten wiedergeben. Es begann mir dem Grundtone E und stieg dann in halben Tönen eine volle Oktave hinauf, die chromatische Tonleiter durchlaufend. Der Grundton blieb stets hörbar und diente als Vorschlag für jede folgende Note. Im Aufsteigen der Tonleiter folgten sich die einzelnen Töne immer langsamer, im Absteigen aber schneller und zuletzt außerordentlich rasch. Den Schluß bildete jedesmal ein gellender Schrei, welcher mit aller Kraft ausgestoßen wurde. Die Regelmäßigkeit, Schnelligkeit und Sicherheit, mit welcher das Tier die Tonleiter herschrie, erregte allgemeine Bewunderung. Es schien, als ob die Äffin selbst davon im höchsten Grade aufgeregt werde, denn jede Muskel spannte sich an und der ganze Körper geriet in zitternde Bewegung. Ein Hulock, welchen ich vor geraumer Zeit lebend im Londoner Tiergarten sah, ließ ebenfalls sehr gern seine Stimme erschallen, und zwar zu jeder Tageszeit, sobald er von dem Wärter angesprochen oder von sonst jemand durch Nachahmung seiner Laute hierzu angereizt wurde. Ich darf behaupten, daß ich niemals die Stimme eines Säugetieres, den Menschen ausgenommen, gehört habe, welche mir volltönender und wohllautender in das Ohr geklungen hätte als die des genannten Langarmaffen. Zuerst war ich erstaunt, später entzückt von diesen aus tiefster Brust hervorkommenden, mit vollster Kraft ausgestoßenen und durchaus nicht unangenehmen Tönen, welche sich vielleicht durch die Silben hu, hu, hu einigermaßen wiedergeben lassen. Andere Arten sollen einen viel weniger angenehmen Ruf ausstoßen. So beginnt der Wauwau, wie mir Haßkarl mitteilt, mit einigen vereinzelt ausgestoßenen Lauten: ua, ua; hierauf folgt schneller: ua, ua, ua; dann: ua, uua, ua, ua und zuletzt wird der Ruf immer kläglicher und rascher, das u kürzer, so daß es fast wie w klingt, das a länger, und nunmehr fällt die ganze Gesellschaft mit gleichen Lauten in den Vortrag des Sängers ein.

Über die geistigen Fähigkeiten des Langarmaffen sind die Meinungen der Beobachter geteilt. Duvaucel stellt dem Siamang ein sehr schlechtes Zeugnis aus. »Seine Langsamkeit, sein Mangel an Anstand und seine Dummheit,« drückt er sich aus, »bleiben dieselben. Zwar wird er, unter Menschen gebracht, bald so sanft, wie er wild war, und so vertraulich, wie er vorher scheu war, bleibt aber immer furchtsamer als die anderen Arten, deren Anhänglichkeit er niemals erlangt, und seine Unterwürfigkeit ist mehr die Folge seiner unbeschreiblichen Gleichgültigkeit als des gewonnenen Zutrauens. Er bleibt derselbe bei guter und schlechter Behandlung; Dankbarkeit oder Haß scheinen fremdartige Gefühle für ihn zu sein. Seine Sinne sind stumpf. Besieht er etwas, so geschieht dies ohne Empfindung, berührt er etwas, so tut er es ohne Willen. So ist er ein Wesen ohne alle Fähigkeiten, und wollte man das Tierreich nach der Entwicklung seines Verstandes ordnen, so würde er eine der niedrigsten Stufen einnehmen müssen. Meistens sitzt er zusammengekauert, von seinen eigenen langen Armen umschlungen, den Kopf zwischen den Schenkeln verborgen, und ruht und schläft. Nur von Zeit zu Zeit unterbricht er diese Ruhe und sein langes Schweigen durch ein unangenehmes Geschrei, welches weder Empfindung noch Bedürfnisse ausdrückt, also ganz ohne Bedeutung ist. Selbst der Hunger scheint ihn nicht aus seiner natürlichen Schlaftrunkenheit zu erwecken. In der Gefangenschaft nimmt er seine Nahrung mit Gleichgültigkeit hin, führt sie ohne Begierde zum Munde und läßt sie sich auch ohne Unwillen entreißen. Seine Weise zu trinken stimmt ganz überein mit seinen übrigen Sitten. Er taucht seine Finger ins Wasser und saugt dann die Tropfen von ihnen ab.« Auch diese Schilderung halte ich nicht für richtig, weil die übrigen Beobachter, wenn auch nicht das gerade Gegenteil sagen, so doch weit günstiger über unseren Affen berichten. Bennett brachte einen Siamang mit sich fast bis nach Europa herüber, und dieser gewann sich in sehr kurzer Zeit die Zuneigung aller seiner menschlichen Reisegefährten. Er war sehr freundlich gegen die Matrosen und wurde bald zahm, war auch keineswegs langsam, sondern zeigte große Beweglichkeit und Gewandtheit, stieg gern im Takelwerke umher und gefiel sich in allerlei harmlosen Scherzen. Mit einem kleinen Papuamädchen schloß er zärtliche Freundschaft und saß oft, die Arme um ihren Nacken geschlungen, neben ihr, Schiffsbrot mit ihr kauend. Wie es schien, hätte er mit den übrigen Affen, welche sich an Bord befanden, auch gern Kameradschaft gehalten, doch diese zogen sich scheu vor ihm zurück und erwiesen sich ihm gegenüber als sehr ungesellig. Dafür rächte er sich aber. Sobald er nur immer konnte, fing er einen seiner mitgefangenen Affen und trieb mit dessen Schwanze wahren Unfug. Er zog den armen Gesellen an dem ihm selbst fehlenden Anhängsel oft auf dem ganzen Schiffe hin und her oder trug ihn nach einer Raa empor und ließ ihn von dort herunterfallen, kurz machte mit ihm, was er wollte, ohne daß das so gepeinigte Tier jemals imstande gewesen wäre, sich von ihm zu befreien. Er war sehr neugierig, besah sich alles und stieg auch oft an dem Maste in die Höhe, um sich umzuschauen. Ein vorüberziehendes Schiff fesselte ihn immer so lange auf seinem erhabenen Sitze, bis es aus dem Gesichtskreise entschwunden war. Seine Gefühle wechselten sehr rasch. Er konnte leicht erzürnt werden und gebärdete sich dann wie ein unartiges Kind, wälzte sich mit Verrenkung der Glieder und Verzerrung des Gesichts auf dem Verdecke herum, stieß alles von sich, was ihm in den Weg kam, und schrie ohne Unterlaß »ra! ra! ra!« – denn mit diesen Lauten drückte er stets seinen Ärger aus. Er war lächerlich empfindlich und fühlte sich durch die geringste Handlung gegen seinen Willen sogleich im Tiefinnersten verletzt: seine Brust hob sich, sein Gesicht nahm einen ernsten Ausdruck an, und jene Laute folgten bei großer Erregung rasch aufeinander, wie es schien, um den Beleidiger einzuschüchtern. Zum Bedauern der Mannschaft starb er, noch ehe er England erreichte.

Auch Wallace stellt den Siamang in günstigerem Lichte dar. »Ich kaufte,« sagt er, »einen kleinen Langarmaffen dieser Art, welchen Eingeborene gefangen und so fest gebunden hatten, daß er dadurch verletzt worden war. Zuerst zeigte er sich ziemlich wild und wollte beißen; als wir ihn aber losgebunden, ihm zwei Stangen unter dem Vorbau unseres Hauses zum Turnen gegeben und ihn vermittels eines kurzen Taues mit lose über den Stangen liegendem Ringe befestigt hatten, so daß er sich leicht bewegen konnte, beruhigte er sich bald, wurde zufrieden und sprang mit großer Behendigkeit umher. Zuerst bekundete er gegen mich eine Abneigung, welche ich dadurch zu beseitigen suchte, daß ich ihn immer selbst fütterte. Eines Tages aber biß er mich beim Füttern so stark, daß ich die Geduld verlor und ihm einen tüchtigen Schlag versetzte. Dies mußte ich bereuen, da er von nun an mich noch weniger leiden konnte. Meinem malaiischen Knaben erlaubte er, mit ihm zu spielen, und gewährte uns dadurch und durch seine eigene Beschäftigung, durch die Leichtigkeit und Gewandtheit, mit der er sich hin und her schwang, eine stete Quelle der Unterhaltung. Als ich nach Singapore zurückkam, zog er die allgemeine Aufmerksamkeit auf sich. Er aß fast alle Früchte und Reis, und ich hatte gehofft, ihn mit nach England bringen zu können, allein er starb gerade, ehe ich abreiste.« Dies lautet ganz anders als der Bericht von Duvaucel und steht auch mit dem, was wir von anderen Langarmaffen wissen, vollkommen im Einklange. Ein Hulock, welchen Harlan fünf Monate lebendig besaß, wurde in weniger als einem Monate so zahm, daß er sich an der Hand seines Gebieters festhielt und mit ihm umherging, wobei er sich mit der anderen Hand auf den Boden stützte. »Auf meinen Ruf,« erzählt Harlan, »kam er herbei, setzte sich auf einen Stuhl zu mir, um mit mir das Frühstück einzunehmen, und langte sich ein Ei oder einen Hühnerflügel vom Teller, ohne das Gedeck zu verunreinigen. Er trank auch Kaffee, Schokolade, Milch, Tee usw., und obgleich er gewöhnlich beim Trinken nur die Hand in die Flüssigkeit tauchte, so nahm er doch darauf, wenn er durstig war, das Gefäß in beide Hände und trank nach menschlicher Weise daraus. Die liebsten Speisen waren ihm gekochter Reis, eingeweichtes Milchbrot, Bananen, Orangen, Zucker und dergleichen. Die Bananen liebte er sehr, fraß aber auch gern Kerbtiere, suchte im Hause nach Spinnen und fing die Fliegen, welche in seine Nähe kamen, geschickt mit der rechten Hand. Wie die Inder, welche des Glaubens halber Fleischspeisen verweigern, so schien auch dieser Gibbon gegen die letzteren Widerwillen zu haben, verzehrte jedoch einmal einen gebratenen Fisch und ein wenig Hühnerfleisch.

Mein Gefangener war ein außerordentlich friedfertiges Geschöpf und gab seine Neigung zu mir und seine Anhänglichkeit an mich in jeder Weise zu erkennen. Wenn ich ihn früh besuchte, begrüßte er mich mit fröhlichem lautschallenden Wau! Wau! Wau! das er wohl fünf bis zehn Minuten lang wiederholte und nur unterbrach, um Atem zu holen. Erschöpft legte er sich nieder, ließ sich kämmen und bürsten und bekundete deutlich, wie angenehm ihm das war, indem er sich bald auf die eine, bald auf die andere Seite legte, bald diesen, bald jenen Arm hinhielt, und wenn ich mich stellte, als ob ich fortgehen wollte, mich am Arme oder Rocke festhielt und mich wieder an sich zog. Rief ich ihn aus einiger Entfernung und erkannte er mich an meiner Stimme, so begann er sogleich sein gewöhnliches Geschrei, bisweilen in klagender Weise, sobald er mich sah aber sogleich in gewöhnlicher Stärke und Heiterkeit. Obwohl männlichen Geschlechtes, zeigte er doch keine Spur von der Geilheit der Paviane. Leider ging er bald zugrunde, und zwar infolge eines Schlages in die Lendengegend, welchen er unversehens von einem meiner Diener in Kalkutta erlitten hatte. Ein junges Weibchen derselben Art, welches ich ebenfalls pflegte, starb auf dem Wege nach Kalkutta an einem Lungenleiden. Während der Krankheit litt es augenscheinlich große Schmerzen. Ein warmes Bad schien ihm Erleichterung zu verschaffen und tat ihm so wohl, daß es, herausgenommen, sich von selbst wieder in das Wasser legte. Sein Benehmen war ungemein sanft, etwas schüchtern, Fremden gegenüber sogar scheu. An mich aber hatte es sich bereits nach einigen Tagen derartig gewöhnt, daß es schnell zu mir zurückgelaufen kam, wenn ich es an einen freien Platz gesetzt hatte, in meine Arme sprang und mich umhalste. Niemals zeigte es sich boshaft, niemals biß es, ja selbst gereizt verteidigte es sich nicht, sondern verkroch sich lieber in einen Winkel.«

Auch das vorhin erwähnte Weibchen des Unko war sehr liebenswürdig in seinem Betragen und höchst freundlich gegen alle, denen es seine Zuneigung einmal geschenkt hatte. Es unterschied mit richtigem Gefühle zwischen Frauen und Männern. Zu ersteren kam es freiwillig herab, reichte ihnen die Hand und ließ sich streicheln; gegen letztere bewies es sich mißtrauisch, wohl infolge früherer Mißhandlungen, welche es von einzelnen Männern erlitten haben mochte. Vorher beobachtete es aber jedermann prüfend, oft längere Zeit, und faßte dann auch zu Männern Vertrauen, wenn diese ihm dessen würdig zu sein schienen.

Man sieht übrigens die Gibbons selten in der Gefangenschaft, auch in ihrem Vaterlande. Sie können den Verlust ihrer Freiheit nicht ertragen; sie sehnen sich immer zurück nach ihren Wäldern, nach ihren Spielen, und werden immer stiller und trauriger, bis sie endlich erliegen.

Anhang

Neuere Beobachtungen an Menschenaffen

Seit dem Erscheinen der zweiten, von Alfred Brehm noch selbst bearbeiteten Auflage des »Tierlebens«, der das im vorstehenden Mitgeteilte entstammt, ist unsere Kenntnis der Menschenaffen in vieler Hinsicht erweitert worden. Der deutsche, inzwischen leider wieder verloren gegangene Kolonialbesitz im Verein mit den vor dem Kriege von Jahr zu Jahr bequemer und billiger werdenden Reisegelegenheiten brachte es mit sich, daß nicht nur die Zahl der nach Deutschland gelangenden Menschenaffen gewaltig anwuchs, sondern daß auch das Freileben der Tiere in ihren Heimatländern von Forschern und Jägern eingehender beobachtet wurde. Es liegt nicht im Plane dieses Büchleins, das Neue hier vollständig nachzutragen, zumal die von Brehm entworfenen Bilder im großen und ganzen auch heute noch als durchaus gelungen gelten können. Wie trefflich er zu beobachten wußte und wie genial er die Seele des Tieres auf Grund ihrer Äußerungen erkannte, dafür ist die Schilderung des Schimpansen auf Seite 51–67 geradezu ein Musterbeispiel. Nur zweierlei sei hier noch nachgetragen: erstens die fesselnde Schilderung des weltberühmten Gorillas »Mpungu«, den um die Mitte der siebziger Jahre die deutsche Loango-Expedition als ersten nach Europa brachte, und zweitens die wichtigen Forschungsergebnisse, die an gefangenen Schimpansen auf Teneriffa gemacht worden sind.

Die mancherlei menschenähnlichen Züge, die man bei den Affen seit langem kannte, vor allem die starke Ähnlichkeit, die ihr Großhirn verglichen mit unserem aufweist, legten nämlich die Frage nahe, ob wohl die großen Menschenaffen (und ganz besonders die Schimpansen) verständig und einsichtsvoll handeln könnten, sobald es die Umstände nötig machten, mit anderen Worten: ob diese Tiere ein wirkliches Denkvermögen besäßen. Der größte Teil der Tierpsychologen vertrat sehr hartnäckig die Behauptung, daß eigentliche Intelligenz, also Einsicht in ursächliche Zusammenhänge, ausschließlich beim Menschen zu finden sei; die Fähigkeit, durch Erfahrung zu lernen, gestand man den Tieren bereitwillig zu, Zweckbewußtsein und Schlußvermögen sprach man ihnen dagegen ab –

im Gegensatz zu Alfred Brehm, der Zeit seines Lebens den Satz
verfocht:»wer den Verstand der Tiere leugnet, ruft um den eigenen
Sorge wach«. Man scheute sich vor dem Zugeständnis, daß zwischen der Leistung des Menschengehirns und der Geistestätigkeit
der Tiere zwar ein bedeutender Unterschied sei, daß aber der Unterschied nur den Grad und nicht das Wesen der Leistung betreffe.
Das Material an Beobachtungstatsachen sei, wie man sagte, noch
viel zu gering und lange nicht einwandfrei genug, als daß man die
tierische Intelligenz bereits für erwiesen halten könne. Da setzte
nun in dem letzten Jahrzehnt (1912–1920) die Teneriffa-Forschung
ein, die »Intelligenzprüfung« an Schimpansen, und zwar in einer
Beobachtungsstation, für welche die Preußische Akademie der Wissenschaften die Mittel hergab. Neun Schimpansen aus Kamerun,
von denen zwei leider frühzeitig starben, wurden dort von Berufs-
psychologen auf ihre Fähigkeiten examiniert, und das Ergebnis der
sorgsamen Prüfung nach wissenschaftlichen Grundsätzen war, daß
das Verhalten der Schimpansen unzweideutig Einsicht bewies und
daß man ihnen das Ehrenzeugnis intelligenzbegabter Geschöpfe auf
Grund ihrer Leistungen ausstellen mußte. Die größten Erfolge mit
den Schimpansen erzielte Prof. Wolfgang Köhler, der jetzt den
Lehrstuhl für Psychologie an der Göttinger Hochschule innehat.
Auf seinen ausführlichen Berichten über die Teneriffa-Affen[2] beruhen auch unsere Ausführungen.

Zunächst nun die Schilderung des Gorillas, den Stabsarzt Dr. J.
Falkenstein von der Loango-Expedition mit Glück und Geschick
nach Deutschland brachte.

»Wie so oft glückliche Ereignisse von kleinen Zufälligkeiten ab-
hängen,« erzählt der Genannte,[3] »so sollte auch uns durch die beschleunigte Reise noch am Schlusse ein Resultat zuteil werden, das
mehr als alle glücklich überwundenen Schwierigkeiten, mehr als
alle wissenschaftlichen Forschungen zusammengenommen die
Expedition in weiteren Kreisen bekannt gemacht hat. Als ich am
zweiten Oktober (1875) Pontanegra erreichte und in das Magazin
des Portugiesen Laurentino Antonio dos Santos trat, um einige

[2] Wolfgang Köhler, Intelligenzprüfungen an Menschenaffen, Zweite,
durchgesehene Auflage, Berlin 1921.

[3] Die Loango-Expedition. Zweite Abteilung. Von Dr. J. Falkenstein. Leipzig 1888.

Zeuge und Rum zu entnehmen, fand ich einen jungen Gorilla, den wir leider vorher vergeblich im Walde zu erhalten gesucht hatten, an der Brückenwage gefesselt vor. Vor wenig Tagen hatte ihn ein Neger, der die Mutter geschossen hatte, aus dem Innern gebracht, und man suchte ihn nun, so gut es ging, so lange zu ernähren, bis der nächste vorbeipassierende Dampfer ihn für einen möglichst hohen Preis mit nach Europa nehmen konnte. Es war ein junges Männchen, das elend genug aussah, weil es bisher von den vorgesetzten Waldfrüchten wenig genossen hatte, und es wäre zweifellos zugrunde gegangen wie seine Vorgänger bei ähnlichen früheren Versuchen, wenn man es in diesem Zustande an Bord eines Schiffes gebracht hätte. Schon jetzt glaubte ich nicht, daß es möglich sein würde, das Tier am Leben zu erhalten, hoffte jedoch, es bis Tschintschotscho zu bringen, um wenigstens die erste Photographie eines lebenden Gorilla aufnehmen zu können, und bot daher jeden erschwingbaren Preis, wenn er mir überlassen würde. Herr Laurentino lehnte dies jedoch ab mit dem Bemerken, daß er sich freue, mir im Namen aller seiner Landsleute, die ich stets so uneigennützig behandelt und gepflegt hätte, eine Anerkennung zuteil werden zu lassen; er bäte mich herzlich, den Affen als Geschenk von ihm anzunehmen. Da ich den Wert des Gorillas kannte, im Fall es gelingen sollte, ihn lebend nach Europa zu führen, sträubte ich mich anfänglich, von der Liebenswürdigkeit Gebrauch zu machen, ließ jedoch bald dem wahrhaft herzlichen Anerbieten gegenüber und in der Erwägung, daß in anderen Händen der Wert doch ein sehr fraglicher war, jedes Bedenken schwinden und verabschiedete mich mit ihm unter lebhaftem Danke, den ich hier, nachdem die damals bewiesene Uneigennützigkeit so herrliche Früchte für die afrikanische Gesellschaft getragen hat, noch einmal in wärmster Weise wiederhole.

Auf der Station angekommen, war es meine erste Sorge, alle erreichbaren Waldfrüchte holen zu lassen und eine Mutterziege zu erwerben, um die ziemlich gesunkenen Kräfte des jungen Anthropomorphen zu heben; selbstverständlich verfolgten wir seine Freßversuche mit großem Interesse und fühlten uns in hohem Grade erleichtert, als er nicht nur die Milch mit Behagen trank, sondern auch verschiedene Früchte, namentlich aber die walnußgroßen der knorrigen, in den Savannen wachsenden *Anona senegalensis* mit sichtlich erwachtem Appetite auswählte. Trotzdem blieb er noch längere Zeit so matt, daß er während des Fressens einschlief und den größten Teil des Tages in einer Ecke zusammengekauert schlafend verbrachte. Nach und nach gewöhnte er sich an die Kulturfrüchte wie Bananen, Guayaven, Orangen, Mango und begann, je kräftiger er wurde und je öfter er bei unseren Mahlzeiten zugegen war, alles, was er genießen sah, selbst gleichfalls zu versuchen. Indem er so allmählich dahin gebracht wurde, jegliche Nahrung anzunehmen und zu vertragen, wuchs die Aussicht, ihn glücklich nach Europa zu transportieren.

Dies ist gewiß der einzige Weg, später andere und vielleicht ältere Exemplare für die Überfahrt fähig zu machen; jeder Versuch, sie unmittelbar nach der Erlangung, ohne vorherige Entwöhnung von der alten Lebensweise, ohne sie den veränderten Verhältnissen ganz langsam und planmäßig anzupassen, an Bord zu bringen, wird immer wieder von neuem ein mehr oder weniger schnelles Hinsiechen und den Tod zur Folge haben.

Man darf, in einem sehr verbreiteten Vorurteil befangen, durchaus nicht ängstlich sein, jeder Art von Affen Fleischnahrung in irgendeiner Form zu verabreichen; das lehren sie uns selbst, wenn wir sie im Freien zu beobachten Gelegenheit haben, indem sie mit wahrer Leidenschaft den Insekten, namentlich Spinnen und Heuschrecken nachstellen, aber auch Vögel und Eier eifrig zu erlangen streben. Für Schimpansen sind Ratten Leckerbissen, die sie gegen alle Gelüste der Genossen energisch verteidigen, und ebenso verlangt der Gorilla nach Fleisch, das er zum guten Gedeihen notwendig braucht. Im Walde wird er sich, wenn die Jagd ungünstig ist, vielleicht oft mit Früchten begnügen müssen, wenigstens fand ich bei zwei großen erlegten Schimpansen nur vegetabilische Reste im Magen, doch bin ich überzeugt, daß der Befund ein zufälliger war und daß man bei anderen Gelegenheiten den Nachweis der tierischen Kost leicht wird führen können.

Wenn in anderen Berichten die Wildheit auch junger Gorillas besonders betont und das Unwahrscheinliche ihrer Zähmbarkeit ausgesprochen worden ist, so waren wir bei dem unsrigen in der Lage, gerade entgegengesetzte Erfahrungen zu machen. Er gewöhnte sich in wenigen Wochen so sehr an seine Umgebung und die ihm bekannt gewordenen Personen, daß er frei herumlaufen durfte, ohne daß man Fluchtversuche hätte zu befürchten brauchen. Niemals ist er angelegt oder eingesperrt worden, und er bedurfte keiner anderen Überwachung als einer ähnlichen, wie man kleinen umherspielenden Kindern angedeihen läßt. Er fühlte sich so hilflos, daß er ohne den Menschen nicht fertig werden konnte und in dieser Einsicht eine wunderbare Anhänglichkeit und Zutraulichkeit entwickelte. Von heimtückischen, bösen, wilden Eigenschaften war keine Spur vorhanden, zuweilen aber zeigte er sich recht eigensinnig. Er hatte verschiedene Töne, um den in ihm sich entwickelnden Ideen Ausdruck zu geben; davon waren die einen eigentümliche Laute des eindringlichsten Bittens, die anderen solche der Furcht und des Entsetzens. In selteneren Fällen wurde noch ein widerwilliges, abwehrendes Knurren vernommen.

Was Du-Chaillu über das eigentümliche Trommeln der Gorillas berichtet, fanden wir völlig bewahrheitet, da unser ›Mpungu‹ zu verschiedenen Malen, augenscheinlich im Übermaß des Wohlbefindens und aus reiner Lust, die Brust mit beiden Fäusten bearbeitete, indem er sich dabei auf die Hinterbeine erhob. Außerdem gab er seiner Stimmung häufig in rein menschlicher Weise durch Zusammenschlagen der Hände, das ihn nicht gelehrt worden war, Ausdruck und vollführte zu Zeiten – sich überstürzend, hin und hertaumelnd, sich um sich selbst drehend – so ausgelassene Tänze, daß wir manchmal bestimmt glaubten, er müsse sich auf irgendeine Weile berauscht haben. Doch war er nur aus Vergnügen trunken; nur dies ließ ihn das Maß seiner Kräfte in den übermütigsten Sprüngen erproben.

Besonders auffällig war die Geschicklichkeit und Behutsamkeit, die er beim Fressen an den Tag legte. Kam zufällig einer der übrigen Affen ins Zimmer, so war nichts vor ihnen sicher, alles faßten sie neugierig an, um es dann mit einer gewissen Absichtlichkeit von sich zu weisen oder achtlos fallen zu lassen. Ganz anders der Gorilla: er nahm jede Tasse, jedes Glas mit einer natürlichen Sorgfalt auf, umklammerte das Gefäß mit beiden Händen, während er es zum Munde führte, und setzte es dann leise und vorsichtig wieder nieder, so daß ich mich nicht erinnere, ein Stück unserer Wirtschaft durch ihn verloren zu haben. Und doch haben mir das Tier niemals den Gebrauch der Geräte noch andere Kunststücke gelehrt, damit wir es möglichst naturwüchsig nach Europa brächten. Ebenso waren seine Bewegungen während des Fressens ruhig und manierlich; er nahm von allem nur so viel, als er zwischen dem Daumen, dem dritten und Zeigefinger fassen konnte, und schaute gleichgültig zu, wenn von den vor ihm aufgehäuften Futtermengen etwas weggenommen wurde. Hatte er aber noch nichts erhalten, so knurrte er ungeduldig, beobachtete von seinem Platze bei Tische aus sämtliche Schüsseln genau und begleitete jeden von den Negerjungen abgetragenen Teller mit ärgerlichem Brummen oder einem kurz hervorgestoßenen grollenden Husten, suchte auch wohl den Arm der Vorbeikommenden zu erwischen, um durch Beißen oder täppisches Schlagen sein Mißfallen noch nachdrücklicher kund zu tun. In der nächsten Minute spielte er wieder mit ihnen wie mit seinesgleichen und unterschied sich dadurch gänzlich von allen übrigen Affen, namentlich den Pavianen. Er trank saugend, indem er sich zu dem Gefäß niederbückte, ohne je mit den Händen hineinzugreifen oder es umzustoßen, setzte kleinere jedoch auch an den Mund. Im Klettern war er ziemlich geschickt, doch ließ sein Übermut ihn hin und wieder die gebotene Vorsicht vergessen, so daß er einmal aus den Zweigen eines glücklicherweise nicht hohen Baumes auf die Erde herabfiel. Es scheint aber, als würden die Bäume nur von ihnen erstiegen, um Nahrung zu suchen, während der gewöhnliche Aufenthaltsort der Waldboden ist. Ebenso bleiben sie gewiß nachts auf der Erde und raffen sich von allen Seiten Blätter und Reisig zum Lager zusammen, wie wir es den unsrigen oft tun sahen. Bemerkenswert war dabei seine Reinlichkeit; denn wenn er zufällig in Spinngewebe oder Abfallstoffe gegriffen hatte, so suchte er sich mit einem komischen Abscheu davon zu befreien oder hielt beide Hände hin, um sich helfen zu lassen. Ebenso zeichnete er sich selbst durch völlige Geruchlosigkeit aus und liebte über alles, im Wasser zu spielen und herumzupatschen. Von all den seine Individualität scharf ausprägenden Eigenschaften verdient seine Gutmütigkeit und Schlauheit oder eigentlich Schalkhaftigkeit hervorgehoben zu werden: war er, wie dies wohl anfänglich geschah, gezüchtigt worden, so trug er die Strafe niemals nach, sondern kam bittend heran, umklammerte die Füße und sah mit so eigentümlichem Ausdruck empor, daß er jeden Groll entwaffnete; wollte er überhaupt etwas erreichen, so konnte kein Kind eindringlicher und einschmeichelnder seine Wünsche zu erkennen geben als er. Wurde ihm trotzdem nicht gewillfahrtet, so nahm er seine Zuflucht zur List und spähte eifrig, ob er beobachtet würde. Gerade in solchen Fällen, in denen er mit Beharrlichkeit eine gefaßte Idee verfolgte, war ein vorgefaßter Plan und richtige Überlegung bei der Ausführung unverkennbar. Sollte er z. B. nicht aus dem Zimmer heraus oder umgekehrt nicht hinein und waren mehrere Versuche seinerseits, seinen Willen durchzusetzen, abgewiesen worden, so schien er sich in sein Schicksal zu fügen und legte sich unweit der betreffenden Tür mit erheuchelter Gleichgültigkeit nieder; bald aber richtete er den Kopf auf, um sich zu vergewissern, ob die Gelegenheit günstig sei, schob sich allmählich näher und näher, indem er, sorgfältig Umschau haltend, sich um sich selbst drehte, richtete sich an der Schwelle angekommen behutsam auf und galoppierte dann, mit einem Sprunge darüber setzend, so eilfertig davon, daß man Mühe hatte, ihm zu folgen. Mit ähnlicher Beharrlichkeit verfolgte er sein Ziel, wenn er Appetit nach Zucker oder Früchten, die in einem Schranke des Eßraumes aufbewahrt wurden, erwachen fühlte; dann verließ er plötzlich sein Spiel, schlug eine seiner Absicht entgegengesetzte Richtung ein, die er erst änderte, wenn er außer Sehweite gekommen zu sein glaubte. Dann aber eilte er direkt in das Zimmer und zu dem Schranke, öffnete ihn und tat einen behenden, sicheren Griff in die Zuckerbüchse oder die Fruchtschüssel (zuweilen zog er sogar die Schranktüre wieder hinter sich zu), um dann behaglich das Erbeutete zu verzehren oder schleunigst damit zu entfliehen, wenn er entdeckt war; in seinem ganzen Wesen verriet er dabei deutlich das Bewußtsein, auf unerlaubten Pfaden zu wandeln. Ein eigentümliches, fast kindisch zu nennendes Vergnügen gewährte es ihm, durch Klopfen an hohle Gegenstände Töne hervorzurufen, und selten ließ er eine Gelegenheit vorübergehen, ohne beim Passieren von Tonnen, Schüsseln oder Blechen dagegen zu trommeln; auch trieb er dieses übermütige Spiel sehr häufig während unserer Heimreise auf dem Dampfer, wo er sich ebenfalls frei bewegen durfte. Unbekannte Geräusche waren ihm aber in hohem Grade zuwider. So ängstigte ihn der Donner oder auf das Blätterdach prasselnder Regen, mehr aber noch der langgezogene Ton einer Trompete oder Pfeife so sehr, daß stets sympathisch eine beschleunigte Verdauung angeregt wurde, die es geraten erscheinen ließ, ihn in möglichster Entfernung von sich zu halten.

Unter fortgesetzter Pflege gedieh unser Schützling zusehends bis zu Anfang Februar 1876; zu dieser Zeit aber befiel ihn eine schwere, mit Konvulsionen verbundene Krankheit, die nur als eine eigentümliche heftige Malaria-Infektion gedeutet werden konnte. Vier Wochen lang fürchteten wir täglich ihn zu verlieren, bis seine außerordentlich kräftige Konstitution und vielleicht der konsequente Gebrauch von Chinin und Kalomel endlich den Sieg davontrug und ihn allmählich der Genesung entgegenführte. Die unendliche Mühe, die Mpungu allen Expeditionsmitgliedern gemacht hatte, wurde reichlich durch die Aufmerksamkeit, die ihm während seines ziemlich anderthalbjährigen Aufenthaltes in Berlin von allen Seiten gezollt wurde, aufgewogen; und wenn ihn auch schließlich die allen Menschenaffen Verderben drohende Lungenkrankheit gleichfalls hinwegraffte, so war dann ein Verlust für die Wissenschaft wenigstens nicht mehr zu beklagen.

Tatsächlich erfolgte der Tod unter den Erscheinungen der galoppierenden Schwindsucht, der sich in den letzten Tagen ein heftiger Magendarmkatarrh hinzugesellt hatte. Die übrigens in Gegenwart der ersten pathologisch-anatomischen Autorität (Virchow) vorgenommene Obduktion ergab noch das überraschende Resultat, daß Mpungu mehrere sehr schwere Krankheiten in der kurzen Zeit seines Lebens, und zwar wahrscheinlich der letzten Periode, durch seine außerordentlich kräftige Konstitution überwunden hatte. Es zeigten sich nicht nur die Reste einer früheren Herzbeutel- und Brustfellentzündung, sondern auch einer sehr ausgedehnten Darmerkrankung. Diese alle hatte er glücklich durchgemacht, und wäre es nicht gerade dieses unheilbare Übel gewesen, dem er erlag, so wäre es der wahrhaft aufopfernden Pflege seines Besitzers und Wärters wohl gelungen, ihn noch jahrelang der Wissenschaft zu erhalten.«

Über die Weiterentwicklung dieses Gorillas im alten Berliner Aquarium berichtete der damalige Direktor Hermes ausführlich in einem während der Versammlung deutscher Naturforscher und Ärzte in Hamburg (1877) gehaltenen Vortrage. »Das Berliner Aquarium hat seit Jahren großen Wert auf den Besitz menschenähnlicher Affen gelegt. Innerhalb der letzten Jahre ist es in den Besitz aller vier Anthropomorphen gelangt: des Gibbons, des Orangs, des Schimpansen und des Gorillas. Ich hatte daher die beste Gelegenheit, über ihr Gefangenleben eingehende Studien zu machen und Vergleiche anzustellen. Auf der niedrigsten Stufe stehend, ist der kleinste derselben, der Gibbon, zugleich der zarteste und geschickteste von allen. Das mit weißem Barte umrahmte Gesicht und die abenteuerlich langen Arme geben ihm ein merkwürdiges Aussehen. Er ist der einzige, welcher auf ebener Erde gehend stets einen aufrechten Gang besitzt. Freilich ist sein Gang mehr ein Balancieren, er erinnert an einen Seiltänzer, der mit seinem halb ausgestreckten Armen das Gleichgewicht zu halten sucht. Als Bewohner des Waldes klettert er vortrefflich und führt, von Ast zu Ast sich schwingend, die weitesten und elegantesten Sprünge aus.

Ihm gegenüber ist der Orang ein ungeschickter und phlegmatischer Geselle. Jung zutraulich und liebenswürdig, wird er mit zunehmendem Alter wild und ungebärdig. Es vergingen Monate und es bedurfte täglicher Leckerbissen, ehe ich wagen durfte, mich dem großen Orang, dem größten, der jemals in Gefangenschaft war, zu nähern. Seinem Aussehen nach war er ein wahres Scheusal. Die rote zottige Behaarung, die eng aneinandergerückten kleinen tückischen Augen in dem glatten Gesicht, die Abscheu erregenden Manieren, das furchtbare Gebiß ließen ihn als ein teuflisches Ungeheuer erscheinen, bei dessen Anblick man kaum glauben konnte, daß in ihm eine im ganzen gutmütige Natur steckte. Es gehörte nicht viel Phantasie dazu, ihn für einen wegelagernden Waldstrolch zu halten.

Im Gegensatze zu dem linkischen Orang bietet der Schimpanse ein Bild der ausgelassensten Munterkeit und Geschicklichkeit, an Intelligenz jenen weit überragend. Die liebenswürdigste aller Schimpansinnen, Tschego, kannte ihre Umgebung genau und gehorchte aufs Wort. Als ein die Reinlichkeit über alles liebendes Fräulein putzte und polierte sie die Glasscheiben ihres Käfigs. Sie kannte und benutzte die zum allgemeinen Affenkäfig und zum Orang führenden Schlüssel, suchte sie sogar aus dem Bunde heraus. Unter den Affen hatte sie ihre ausgesprochenen Lieblinge, mehr noch liebte sie Kinder, und je kleiner diese waren, desto mehr beschützte sie diese. Größere behandelte sie mehr als ihresgleichen, scherzte mit ihnen, teilte Ohrfeigen aus und tat es ihnen im Purzelbaumschlagen zuvor. Als sie vor einiger Zeit einem Herzleiden erlag, war mir zumute, als ob ein alter Bekannter von mir geschieden wäre. Ein anderer Schimpanse, zwar schon zwei Jahre in Gefangenschaft, aber noch wild und ungezogen, ersetzt zwar die Art, nicht aber entfernt das Temperament, die Tugenden Tschegos.

Von allen Menschenaffen der vornehmste aber ist der Gorilla. Es ist, als habe er ein Adelspatent mit auf die Welt gebracht. Unser etwa zwei Jahre alter männlicher Gorilla hat eine Höhe von fast drei Fuß erreicht. Sein Körper ist bedeckt mit seidenweichem, graumeliertem, auf dem Kopfe rötlichem Haare. Seine derbe, gedrungene Gestalt, seine muskulösen Arme, sein glattes, glänzend schwarzes Gesicht mit den wohlgeformten Ohren, das große, kluge, neckische Auge geben ihm etwas frappant Menschenähnliches. Er würde einem Negerknaben gleichen, wenn die Nase förmlicher gestaltet wäre. Dieser Eindruck steigert sich durch die Unbeholfenheit seines ganzen Wesens; jede seiner Bewegungen läßt einen mehr tölpelhaften Buben als einen Affen erkennen. Wenn er, dasitzend wie eine Pagode, seinen Blick über das ihn anstaunende Publikum schweifen läßt und dann mit nickendem Kopfe plötzlich in die Hände klatscht, hat er sich im Nu die Herzen aller erobert. Er verkehrt gern in großer Gesellschaft, unterscheidet jung von alt, männlich von weiblich. Gegen Kinder von zwei bis drei Jahren ist er liebenswürdig, er küßt sie gern und läßt sich alles gefallen, ohne jemals von seinen überlegenen Kräften Gebrauch zu machen. Ältere Kinder behandelt er schon schlechter; läßt er sich auch gern auf das Spielen mit ihnen ein, rennt mit ihnen um die Wette um den Tisch und Stühle, die er häufig umwirft, dabei in neckischer Weise bald diesem, bald jenem einen Schlag mit der Oberfläche seiner Hand versetzend, so geniert er sich auch nicht im mindesten, mitten im Spiele ein Bein zu erfassen und seine Zähne daran zu probieren. Auf dem Arme von Damen benimmt er sich höchst dankbar, er umarmt sie und bleibt, sich an ihre Schulter lehnend, gern längere Zeit auf ihrem Schoße. Im allgemeinen Affenkäfig spielt er gern, und hier ist er der unbedingte Beherrscher, selbst der Schimpanse ordnete sich ihm widerstandslos unter. Er behandelte diesen aber ebenbürtiger, indem er ihn fast ausschließlich als Spielgefährten erwählte und ihn, wenn auch manchmal etwas derb, liebkoste, während er mit dem gemeinen Affengesindel rücksichtslos verkehrte. Er packte den Schimpansen, und ihn festhaltend, wälzte er sich mit ihm auf der Erde. Entwischte er ihm, so fiel der Gorilla wie ein ungeschickter Knabe mit vorgestreckten Hände auf die Erde. Sein Gang hat mit dem des Schimpansen viel Ähnlichkeit, er geht auf der Sohle des Fußes, indem er sich wie jener auf die Außenflächen der Hand stützt. Aber er setzt die Füße mehr auswärts und trägt den Kopf aufrecht mit einer Vornehmheit, die den Eindruck hinterläßt, als gehöre er den höheren Ständen an. In guter Laune, die ihn übrigens selten verläßt, steckt er die Spitze der roten Junge aus dem glänzendschwarzen Gesichte, was den negerbubenhaften Eindruck noch erhöht.

Menschenähnlich wie sein ganzes Wesen ist auch die Weise, wie er lebt. Morgens um die achte Stunde erhebt er sich von seinem Lager, setzt sich aufrecht hin, gähnt, kratzt sich an einigen Stellen seines Körpers und bleibt schlaftrunken, teilnahmlos, bis er seine Morgenmilch eingenommen hat, die er aus einem Glase zu trinken pflegt. Nunmehr, ganz ermuntert, verläßt er sein Bett, sieht sich in der Stube um, ob er für seine Zerstörungslust einen Gegenstand findet, guckt zum Fenster hinaus, fängt zu klatschen und in Ermangelung passenderer Gesellschaft mit dem Wärter zu spielen an. Stets muß dieser bei ihm sein. Nicht einen Augenblick bleibt er ganz allein. Mit schrillen Tönen schreit er, wenn er sich von diesem verlassen findet. Um neun Uhr wird er gewaschen, was ihm wohlgefällt. Mit grunzendem Tone gibt er seiner Freude hierüber Ausdruck. Dem Zusammenleben mit dem Wärter entsprechend hält er seine Mahlzeiten wie dieser. Zum Frühstück erhält er ein Paar Wiener, Frankfurter oder Jauersche Würste oder ein mit Hamburger Rauchfleisch, Berliner Kuhkäse oder sonstwie belegtes Butterbrot. Dazu trinkt er am liebsten seine kühle Weiße: höchst originell sieht es aus, wenn er das umfangreiche Glas mit seinen kurzen, dicken Fingern anfaßt, das ihm entfallen würde, wenn er nicht einen Fuß zu Hilfe nähme. Obst ißt er gern und viel, von Kirschen sondert er sorgfältig die Kerne. Um ein Uhr bringt die Frau des Wärters ihm sein Essen. Solange er während des heißen Sommers in meiner Wohnung lebte, erwartete er sehnsuchtsvoll diese Stunde. Er ließ es sich nicht nehmen, die Korridortür selbst zu öffnen, wenn es klingelte. Erscheint die Frau, so untersucht er die Speisen und nascht gern von dem, was ihm am besten schmeckt. Eine Ohrfeige ist die gewöhnliche Folge seiner Naschhaftigkeit, und artig erwartet er dann, nicht einen Blick von den Speisen wendend, den Beginn der Mahlzeit. Zuerst eine Tasse Bouillon. Im Nu ist diese bis auf die Nagelprobe geleert. Dann gibt es Reis oder Gemüse, vornehmlich

Kartoffeln, Mohrrüben oder Kohlrabi mit Fleisch gekocht. Die Frau hält darauf, daß er sich anständig benimmt, und er gebraucht in der Tat den Löffel schon mit Geschick. Sobald er sich aber unbeobachtet glaubt, fährt er mit dem Munde in die Schüssel. Zum Schlusse ist ihm ein Stück eines gebratenen Huhnes am willkommensten. Er ist kein Kostverächter: was der Wärter ißt, ist auch seine Speise, und an Menge gibt er diesem nicht viel nach. Ist das Essen vorüber, so will er seine Ruhe haben. Ein ein- bis anderthalbstündiger Schlaf macht ihn wieder aufgelegt zu neuem Spiele. Nachmittags erhält er Obst, abends Milch oder Tee und Butterbrot. Um neun Uhr geht er zur Ruhe. Er liegt auf einer Matratze, in eine wollene Decke eingehüllt. Der Wärter bleibt bei ihm sitzen, bis er eingeschlafen ist, was bei seinem großen Bedürfnisse nach Schlaf nicht allzu lange dauert. Lieber schläft er mit dem Wärter in einem Bette, wobei er ihn um- faßt und den Kopf auf eine Stelle seines Körpers legt. Er schläft fest die ganze Nacht hindurch und pflegt vor acht Uhr nicht zu erwa- chen.

Auf diese Weise hat der Gorilla gleichmäßig gelebt und sich so wohl dabei befunden, daß sein Gewicht sich von 31 auf 37 Pfund vermehrt hat. Da plötzlich, vor etwa vierzehn Tagen, erkrankte er an einer Luftröhrenentzündung, mit der ein starkes Fieber verbun- den war. Der sonst so muntere Affe lag teilnahmlos im Bette, huste- te und röchelte, daß es ein Jammer war. Dabei verhielt er sich höchst unliebenswürdig, so daß er biß, wenn man ihn berührte. Fast acht Tage dauerte dieser besorgniserregende Zustand; außer Tee und Wasser nahm er nichts zu sich. Mehrere Ärzte versammelten sich täglich mehrmals an seinem Bette, darunter sein treuer Pfleger aus Afrika; er wurde mit Chinin behandelt und mußte Emser Krän- chen trinken. Nachdem er das Bittere des Chinins das erste Mal gekostet, zog er später bei jedesmaliger Annäherung des Teelöffels die Decke über den Kopf. In seinem großen Krankenzimmer wurde stets eine gleichmäßige, mit Wasserdunst geschwängerte Tempera- tur von 19 Grad erhalten. Er erholte sich schnell, und als ich ihn am Sonntag verließ, aß er wieder, zeigte die Zunge und klatschte in die Hände, untrügliche Zeichen seines Wohlbefindens. Vor wenigen Minuten noch brachte mir Professor Virchow die Nachricht, daß der Gorilla gestern auf ihn den Eindruck gemacht, als sei er ganz wie- der der alte. Die Teilnahme des Publikums für den Patienten war groß, mehr als hundert Anfragen nach seinem Befinden erfolgten täglich. In kürzester Zeit hat er es verstanden, der allgemeine Liebling zu werden, und unstreitig ist Mpungu einer der populärsten Bewohner der deutschen Reichshauptstadt.

Es ist ihm ein eigener Glaspalast, der mit einem kleinen Palmenhause in Verbindung steht, erbaut worden. Dieser soll ihm die feuchte Atmosphäre seiner tropischen Heimat ersetzen. So darf ich bei seiner sonst kräftigen Natur wohl hoffen, den Gorilla als höchste Zierde unseres Aquariums längere Zeit zu erhalten, Deutschland zur Ehre, der Menschheit zur Freude, der Wissenschaft zum Ruhme.« Der Gorilla starb im November 1877, nachdem er neun Monate in Afrika und fünfzehn Monate in Berlin beobachtet worden war; auch eine kurze Gastspielreise nach London hatte er gesund überstanden.

Jetzt zu den Teneriffa-Schimpansen. Zunächst ein paar allgemeine Züge, die zwar mit der Intelligenzprüfung selbst in keinem direkten Zusammenhang stehen, die aber schon an und für sich betrachtet mit aller Deutlichkeit bekunden, wie treffend der Name ›Menschenaffen‹ das Wesen der Tiere wiederspiegelt, und so die vielen Berichte ergänzen, die Brehm und andere lieferten. ›Ergänzen‹ noch im besonderen Sinne. Den meisten gefangenen Schimpansen, vor allem auch jenen, die vor dem Kriege jahraus jahrein nach Deutschland kamen und dann in Zoologischen Gärten, im Zirkus oder im Varieté die Zuschauer lebhaft zu fesseln wußten, mangelte sehr begreiflicher Weise infolge des täglichen Umgangs mit Menschen, mit ihrem Wärter, ihrem Lehrmeister, vor allem auch mit dein Publikum, das größtenteils aus Kindern bestand, sehr viel von ihrer Ursprünglichkeit. Soweit sie nicht regelrecht dressiert waren, ahmten sie dieses und jenes nach, was sie bei den Menschen beobachtet hatten, kurzum, es haftete diesen Affen schon allerlei »Nichtschimpansisches« an, was mehr oder minder ihr Wesensbild trübte. Anders bei den Stationsschimpansen. Die kamen von keiner Kultur beleckt aus ihren afrikanischen Wäldern und wurden aufs peinlichste davor bewahrt, sich Menschengewohnheiten anzueignen. Und siehe da, diese Kameruner benahmen sich auf dem Stationsspielplatz zum mindesten ebenso menschenähnlich wie ihre kulturübertünchten Kollegen. Sie gingen sogar über diese hinaus, insofern sie allerlei Gegenstände im Spiel als Werkzeug verwenden lernten und so die bis dahin herrschende Ansicht, daß Werkzeuggebrauch nur dem Menschen eigne, ein für allemal widerlegten.

Besonders beliebt und entsprechend vielseitig war die Verwendung des einfachen Stockes, der nach und nach für die Schimpansen eine Art Universalwerkzeug wurde. Sie brauchten ihn nicht nur, um Gegenstände, die jenseits des Maschengitters lagen und sich mit der Hand nicht erreichen ließen, bequem an sich heranzuziehen, sie lernten ihn auch als Hebel gebrauchen, um auf echt menschliche Art und Weise mit seiner Hilfe den festen Deckel einer Grube emporzuheben. Nicht minder beliebt war er ferner zum Graben nach allerlei Pflanzen und Pflanzenwurzeln, und das ist insofern bedeutungsvoll, als der »Grabstock« nach Ansicht der Urgeschichtsforscher auch bei den einfachen Menschen der Vorzeit das erste, schlichteste Ackergerät, also gleichsam der Vorfahr des Spatens war, aus dem ja dann später der Pflug hervorging. Sogar die Zuhilfenahme des Fußes, der handmäßig auf den Stock gesetzt wurde, stand bei den Affen bereits in Brauch.

Ein seltsames Spiel, das sehr häufig geübt und schließlich förmlich zur Mode wurde, war bei den Schimpansen das »Hühnerstechen«, ein Spiel, das an Max und Moritz erinnert und in seiner ganzen Eigenart so überaus menschlich anmutete, daß Köhler selbst, wie er mehrfach versichert, es nicht für möglich halten würde, wenn er es nicht tagaus tagein mit eigenen Augen beobachtet hätte. Wenn die Schimpansen am Gitter saßen und dort ihr Frühstücksbrot verzehrten, sammelten sich an der Außenseite gewöhnlich die Hühner des Nachbargrundstücks, um dort die Brosamen aufzulesen, die von der »Herren« Tische fielen. Das reizte die Aufmerksamkeit der Schimpansen und führte in weiterer Folge dazu, daß die Affen die Hühner fütterten. Sie drückten zwischen einem Biß und dem nächsten ihr Frühstück so fest an das Gitter, daß die Vögel bequem daran picken konnten, und warfen ihnen auch durch die Maschen häufig kleinere Brotstücke hin, worauf sie dann das Gebaren der Hühner mit lebhafter Anteilnahme verfolgten. Allmählich bekam diese Fütterung insofern einen spaßhaften Zug, als die Schimpansen ihren Köder, sobald die Hühner zufahren wollten, mit einem Ruck wieder an sich zogen, und schließlich entwickelte sich jenes Spiel, das ebensogut wie die Menschenaffen auch Max und Moritz erdacht haben könnten, um dadurch die Witwe Bolte zu ärgern. Das Huhn, so berichtet Wolfgang Köhler, wird mit dem Brot an die Maschen gelockt, und just in demselben Augenblick, in dem es arglos zupicken will, stößt ihm die freie Hand des Schimpansen, zuweilen auch die eines Spießgesellen, der neben ihm am Gitter hockt, geschwind einen Stock oder – schlimmer noch – ein starkes Drahtende in den Leib. Das trieben die Affen wochenlang so, entweder jeder auf eigene Hand oder je zwei mit verteilten Rollen. Weshalb? fragt Kühler und fügt dann hinzu, daß Gassenjungen, die übermütig an fremden Häusern zu klingeln pflegen, um dann sofort Reißaus zu nehmen, die Frage vielleicht beantworten könnten.

Eine andere Lieblingsbeschäftigung war eine Zeitlang das ›Ameisenangeln‹, das gleichfalls für die Erfindungsgabe der Affen sehr bezeichnend ist. Wo die Schimpansen auf ihrem Spielplatz Ameisenzügen begegneten, da steckten sie schleunigst nach Art der Spechte die Zunge in das Gewimmel hinein, um sich die Insekten so einzuverleiben, vermutlich der Ameisensäure wegen, die ihnen als Freunden von Säuerlichkeiten offenbar angenehm mundete. Es gab aber innerhalb der Umhegung zuletzt keine wandernden Ameisen mehr, wohl aber pilgerten die Insekten in langem, dichtbelebtem Zuge draußen am Maschengitter vorbei. Was taten nun die Stationsschimpansen? Sie holten sich Strohhalme oder Stäbchen und hielten sie durch die Maschen hindurch direkt in die Ameisenstraße hinein. Dann warteten sie ein paar Sekunden, bis es an den Stäbchen wimmelte, zogen die Beute dann eiligst herein und streiften sie mit dem Munde ab. Auch dieses Spiel wurde förmlich zur Mode, und zwar war, wie der Beobachter meint, der, sportliche Reiz daran ebenso groß wie der Appetit auf die Ameisensäure, blieb doch das Angeln auch dann noch beliebt, als sich in allerbequemster Nähe wieder Ameisenstraßen zeigten, die man nur abzulecken brauchte.

Fast menschenhaft war auch der Schmucktrieb der Affen, den sie bei jeder Gelegenheit mit sichtbarer Lust betätigten. Krautranken, Seile und allerhand Zeugfetzen wurden über die Schultern gehängt, Metallketten, die sie erreichen konnten, lagen sofort um den Hals der Tiere, und eine Schimpansin ließ mehrfach die Schnüre auch über beide Ohren laufen, so daß die Enden an beiden Gesichtsseiten lustig baumelnd herunterhingen. So aufgeputzt pflegten die Schimpansen häufig gemeinsam im Kreise zu trotten, immer einer hinter dem andern, und daß es sich wirklich dabei um ein Spiel, um eine

Art Reigen handelte, das war umso weniger zu verkennen, als immer der Führer der Polonaise bei jedem zweiten Schritt heftig stampfte.

»Oft kommt es vor,« schreibt Köhler, »daß sich ein Schimpanse mit Kot, dem eigenen oder dem der Kameraden, beschmutzt. Nun habe ich bisher einen einzigen Vertreter der Art gesehen, der nicht in der Gefangenschaft Koprophage (d. h. Kotfresser) war, und doch: tritt einer von ihnen in Kot, so kann häufig der Fuß nicht ordentlich auftreten, genau wie bei einem Menschen im gleichen Fall; das Tier humpelt davon, bis es eine Gelegenheit findet, sich zu reinigen; und nicht leicht wird es die Hand dazu benutzen, sondern mit einem Stäbchen (auch wohl Papierstücken oder Lappen) muß das geschehen, und das Gebaren dabei zeigt unverkennbar Unbehagen an. Kein Zweifel, daß das Tier sich eben von etwas ihm Unangenehmen befreit. Gießt man Wasser auf ein Tier oder ölt man seine Haut, so reibt es entweder die Flüssigkeit an einer Wand, einem Baumstamm ab, oder – und das ist sehr häufig – es rafft Stroh, einen Lappen, Papier auf und wischt sich damit ab. Blut wird bisweilen ebenso entfernt, das Betupfen von kleinen Wunden mit Spreu (auch Blättern), welche dabei mit Speichel befeuchtet zu werden pflegt, ihre Untersuchung mit Strohhalmen, kann man öfters sehen. Nachdem Tschego (der älteste Schimpanse, ein Weibchen) geschlechtsreif geworden war, wurde fast bei jeder Menstruation beobachtet, wie sie Papier, Lappen usw. benutzte, um das rinnende Blut abzutupfen. Wenn die Haut an der schwer erreichbaren Schulter juckt, wird ein Scherben, ein Stein und dergleichen genommen und die Stelle damit gekratzt.

Wie schnell die Einschaltung des Stabes auftritt in Fällen, wo der zu behandelnde Gegenstand nicht gut anzufassen ist, konnten wir vortrefflich beobachten, als die Schimpansen zum ersten Male mit Elektrizität hoher Spannung zu tun bekamen. Der eine Ableitungspol eines schwachen Induktoriums war mit einem Drahtkörbchen verbunden, das mit Früchten gefüllt vom Dach herabhing, der andere mit einem Drahtnetz auf dem Boden unter dem Korb. Nie habe ich in kürzester Zeit so viele vollkommen menschliche Reaktionen und Ausdrucksbewegungen an den Schimpansen gesehen wie in diesem Fall: das Zurückfahren beim ersten Schlag, der überraschte Schrei, das vorsichtige Vorstrecken der Hand beim zweitenmal, wobei diese fortwährend wie getroffen schon wieder zurückzuckt, ehe überhaupt die Möglichkeit eines Ladungsausgleichs durch den Körper besteht, das heftige Schütteln der Hand in der Luft nach einem ordentlichen Schlag insbesondere, welches genau so aussieht wie das Handschütteln eines Menschen, der versehentlich einen heißen Ofen angefaßt hat – alles geht seiner Form nach genau so vor sich wie bei uns, und man ist ganz überrascht zu sehen, wieviele unserer Reaktionen, weit entfernt menschliche Angewohnheiten zu sein, in der dunklen Vorzeit der Primaten ihre Wurzel haben müssen. Mit denselben Gebärden sind die Schimpansen sicherlich vor vielen Jahrtausenden schon von der unbeabsichtigten Berührung mit einem Stacheltier, von einem stechenden Insekt usw. zurückgefahren, mit denen wir von einer Starkstromleitung zurückprallen, und vielleicht ergibt die nähere Untersuchung der kleinen Affenarten auch bei ihnen bereits die gleichen Reaktionsformen. Was man aber vielleicht nicht bei diesen antreffen dürfte, das ist das Aufraffen eines Stockes auf die unangenehme Erfahrung hin, wie ein Schimpanse nach dem andern es in diesem Falle tat, um so in weniger direktem Kontakt mit dem gefährlichen Ding doch womöglich die Früchte zu erreichen. Mit hölzernen Stäben ging zunächst auch alles gut, nur bog der Korb an dem Kabel, an dem er aufgehängt war, fortwährend aus, und im Eifer nahmen die Tiere auch feste Drähte und Eisenstangen; als ihnen der Korb nun wieder Schlag auf Schlag versetzte, gerieten sie allmählich in Zorn, aber nur Tschego, die dauernd bei einem Holzknüppel geblieben war, nahm ernstlich den Kampf auf und prügelte, aufrecht stehend, mit aller Macht gegen das Körbchen, daß es in der Luft herumfuhr und am Ende abriß. Hier ist zuletzt der Stock sehr deutlich Waffe; denn Tschego steht in großem Zorn da, während sie draufloshaut, und tut dies ganz blind, im Gegensatz zu den ersten Bemühungen, sorgfältig die Früchte aus dem Drahtnetz herauszuholen.«

Aus all diesen einzelnen hübschen Zügen, die sich an Hand des Köhlerschen Buches noch ganz beträchtlich vermehren ließen, geht eigentlich schon klar hervor, daß das Verhalten der Schimpansen von dem der übrigen Säugetiere in sehr bedeutsamer Weise absticht und durchweg jene Formen ausweist, die als spezifisch menschlich gelten. Noch deutlicher wird das jedoch erkennbar, wenn wir die einzelnen Versuche zur Prüfung ihres Verstandes betrachten.

Die Art, wie diese Versuche erfolgten, war immer dieselbe und immer gleich einfach. Man stellte eine Lage her, die den direkten Weg zum Ziel für die Affen vollkommen ungangbar machte, jedoch einen indirekten freiließ. Und eben diesen sollten sie finden. Sie fanden ihn auch in den meisten Fällen, doch war bei den einzelnen Gliedern der Gruppe die ›Findigkeit‹ sehr verschieden groß. Es gab eben auch bei den Menschenaffen genau wie bei uns in geistiger Hinsicht alle möglichen Unterschiede, also begabte und unbegabte, gescheite und beschränkte Schimpansen, und zwar waren sehr bezeichnenderweise die Männer pfiffiger als die Weiber; bezeichnend insofern, als die Männchen auch bei den freien Waldschimpansen immer die Führer der Horden sind.

Daß die Schimpansen Stöcke benutzten, um allerlei lockende Gegenstände (meistenteils drehte es sich um Bananen), die mit der Hand nicht erreichbar waren, durchs Gitter an sich heranzuziehen, das ist bereits berichtet worden. Es handelt sich in diesem Falle also um wirklichen Werkzeuggebrauch, ebenso wie bei der Grabstockverwendung, wie bei dem ›Ameisenangeln‹ und ›Hühnerstechen‹. Und da man den Werkzeuggebrauch bei Tieren bis dahin bestreiten zu müssen glaubte (obgleich z. B. längst bekannt war, daß Paviane in ihrer Heimat den Angreifer heftig mit Steinen bewerfen), so war bereits diese erste Feststellung prinzipiell von besonderem Wert. Es blieb aber nicht bei der Werkzeug *benutzung;* die Affen gingen auch dazu über, sich selbständig Werkzeuge *herzustellen,* wo die verfügbaren nicht mehr genügten oder keine vorhanden waren. Fehlte ihnen zum Beispiel ein Stock, um die Banane heranzuholen, so suchten sie augenblicks nach Ersatz und bewiesen dabei beträchtliche Einsicht. Entweder versuchten sie die Bananen mit ihrer Decke heranzuziehen, die sie zu dem Zweck aus dem Schlafraume holten und durch das Maschengitter zwängten, oder sie brachen von einem Baume entschlossen schlanke Äste ab, um das gewünschte Ziel zu erlangen. Um solch einen Ast »von dem Baum als Ganzem gewissermaßen loszusehen«, mit anderen Worten, um diesen Ast, obgleich er an seinem Baume festsitzt und einen Bestandteil des Baumes bildet, sofort als verwendbaren Stock zu erkennen, bedarf es schon einer Überlegung, wie man sie ohne die Versuche den Affen keinesfalls zugetraut hätte. Und doch gingen diese noch einen Schritt weiter: sie trennten sogar mit Händen und Zähnen von Kisten und Brettern Holzsplitter ab, um diese als Stockersatz zu benutzen, betrieben also ganz unzweideutig die Herstellung eines brauchbaren Werkzeugs!

Aber auch damit noch nicht genug. Wiederum lockt die Banane vorm Gitter, aber kein Stock von genügender Länge, um damit das Ziel erreichen zu können, und kein gefälliger Baum ist vorhanden. Es stehen dem Prüfling allerdings zwei Stäbe für seinen Gebrauch zur Verfügung, zwei hohle feste Schilfrohrstengel, die ungleich lang und ungleich dick sind, indessen reicht keiner von diesen aus, um die Banane heranzubefördern. Was tut nun der Affe? Er führt zunächst das eine Rohr möglichst weit hinaus, nimmt darauf das andere zur Hand und schiebt mit ihm das erste Rohr immer weiter dem Ziele zu, bis es zuletzt die Banane berührt. Die Überlegung ist gut, aber – falsch. Gut insofern, als der Affe tatsächlich sein Ziel etwas in der Gewalt hat (er kann die Banane mit seinem Stock jetzt wenigstens anstoßen und bewegen), falsch insofern, als er die Frucht auf diese Weise nicht bekommt und obendrein einen Stock dabei einbüßt. Auf jeden Fall aber hat er »gedacht«, wenn auch das Ergebnis ein Fehlschlag ist. Der Versuch wurde vorläufig abgebrochen, nach kurzer Zeit jedoch wiederholt, und diesmal mit dem erhofften Erfolg. Nach einigem Hin- und Herprobieren schob richtig der Affe das dünnere Rohr in die Öffnung des dickeren hinein und holte sich dann mit dem Doppelstock die ausgelegten Bananen heran. Nachdem er die Sache einmal begriffen, machte sie ihm ersichtlich Spaß und er betrieb das Zusammensetzen und Wiedertrennen der beiden Rohre mit einer Selbstverständlichkeit, als hätte er das in den Heimatswäldern bereits von Jugend an geübt. Als man das Ziel später weiter entfernte und ihm drei Rohre übergab (ein dünneres, zwei von größerem Umfang), schob er sie alle drei zusammen, ohne auch nur ein einziges Mal den unfruchtbaren Versuch zu machen, die beiden dickeren, gleich starken Rohre irgendwie zusammenzubringen. Ja mehr noch: als man ihm späterhin ein Rohr und ein zugespitztes Brettstück, das ganz und gar nicht mehr stockähnlich aussah, für seinen Zweck zur Verfügung stellte, machte er sich sogleich an die Arbeit, auch diese zwei ineinander zu fügen, und als er das Brett als zu stark erkannte, um in die Öffnung des Rohres zu passen, biß er mit seinen kräftigen Zähnen solange am spitzen Ende herum, bis es die benötigte Dicke hatte und nun gemeinsam mit dem Schilfrohr wiederum einen Stock ergab. Ob wohl die kulturlosen Menschen der Urzeit bei ihrer ersten Werkzeugbereitung wesentlich anders zu Werke gingen?

Zum Schluß aus der Fülle des Materials, das Köhler in systematischer Weise seinen Prüflingen abgewann, noch etwas über die Art und Weise, wie die Schimpansen zum Ziele gelangten, wenn die Banane hoch angebracht war – wiederum so, daß sie Werkzeuge brauchten, um sich der Frucht zu bemächtigen. Ein Weibchen, das sich von Anfang an als gewandteste Turnerin erwies, erreichte die aufgehängte Banane durch einen Akrobatentrick: sie stellte einen langen Stock, den sie sich selber herbeigeholt hatte, senkrecht unter dem Ziel auf den Boden und turnte so rasch an ihm empor, daß sie die Frucht zu erhaschen vermochte, bevor der Stock wieder umfallen konnte. (Siehe die beigegebene Tafel.) Die anderen suchten sich dadurch zu helfen, daß sie den Wärter oder Beobachter an der Hand nach der Stelle zogen, über der sich das lockende Ziel befand; dann kletterten sie ihm geschwind auf die Schultern und holten sich die Banane herab. In solchem Falle geschah es einmal, daß sich der Wärter absichtlich bückte, während der Affe die Schultern bestieg; das Tier rutschte darauf klagend herunter und tat etwas, was bei einem Affen immerhin überraschend war: es faßte den Wärter unters Gesäß und suchte ihn mit beiden Händen kräftig in die Höhe zu drücken. Es suchte, wie Köhler launig sagt, »das menschliche Werkzeug zu verbessern«.

Man ließ es aber bei dieser Art des Bananenpflückens nicht bewenden. Man entzog der Akrobatin den Stock und den andern Schimpansen den menschlichen Stützpunkt und stellte statt dessen hier und dort eine Anzahl Kisten in den Versuchsraum. Und siehe da, das Erwartete geschah wie zumeist auch in diesem Falle: die Affen zerrten jetzt statt des Wärters die Kisten unter das winkende Ziel und türmten, je höher man letzteres aufhing, auch desto höhere Bauten empor. Der pfiffigste Affe der ganzen Gesellschaft brachte es schließlich zu einem Turm, der aus vier ungleichen Kisten bestand, und hatte sogar Verständnis dafür, daß es durchaus nicht dasselbe sei, ob er die Kisten flach oder steil (der Breite oder der Länge nach) zur Erlangung der Frucht aufeinander setzte. Es machte die Affen auch nicht verlegen, als man die Kisten durch Steine oder Sand beschwerte; sie räumten den Inhalt einfach heraus und verfuhren dann in der gewohnten Weise.

Die Tatsachen, die wir hier wiedergaben, sind nur ein bescheidener Auszug dessen, was Köhler an Intelligenzbeweisen der Menschenaffen gesammelt hat – genug, wie mich dünkt, um die alte Fabel vom »unverständigen Tier« zu zerstören. Die Kluft, die den Menschen vom Tiere trennt, bleibt freilich nach wie vor bestehen, die Grenzmauer zwischen »Instinkt« und »Verstand« ist aber endgültig eingestürzt. »Die Schimpansen,« sagt Köhler im Schlußwort seines anregenden Buches, »zeigen einsichtiges Verhalten von der Art des beim Menschen bekannten. Nicht immer ist, was sie Einsichtiges vornehmen, äußerlich Menschenhandlungen ähnlich, aber unter geeignet gewählten Prüfungsumständen ist der Typus einsichtigen Gebarens mit Sicherheit nachzuweisen. Das gilt, trotz der sehr bedeutenden Unterschiede von Tier zu Tier, selbst für die unbegabtesten Individuen der Art, die beobachtet wurden, und wird sich danach an jedem Exemplar der Art bestätigen lassen, sofern es nicht gerade schwachsinnig in pathologischer Wortbedeutung ist. Auf jeden Fall bleibt es dabei: dieser Menschenaffe tritt nicht allein mit allerhand morphologischen und im engeren Sinne physiologischen Momenten aus dem übrigen Tiersystem heraus und in die Nähe der Menschenrassen, er weist auch jene Verhaltensform auf, die als spezifisch menschlich gilt. Wir kennen die Systemnachbarn nach der andern Seite bisher nur wenig, aber nach dem Wenigen ist es nicht ganz unmöglich, daß auf dem Prüfungsgebiet der Menschenaffe auch *an Einsicht* dem Menschen nähersteht als vielen Affenarten.«

Der schlimme Währungssturz nach dem Kriege hat leider der Menschenaffenstation auf Teneriffa ein Ende bereitet; die Tiere sind nach Berlin überführt worden, um dort im Zoologischen Garten noch weiter der Wissenschaft zu dienen. Der Weg der systematischen Prüfung einzelner Menschenaffenarten wird sicherlich bald auch anderswo mit gleichem Erfolge beschritten werden (Amerika scheint schon damit zu beginnen), so daß wir die Hoffnung hegen dürfen, die heute noch sehr im Argen liegende wissenschaftliche Tierpsychologie in Kürze ersprießlich gedeihen zu sehen. Nicht aller Mensch, aber sehr viel Mensch steckt ohne Zweifel im höheren Tier, besonders in der bewährten Dreiheit Schimpanse, Gorilla und Orang-Utan.

Über tredition

Eigenes Buch veröffentlichen

tredition wurde 2006 in Hamburg gegründet und hat seither mehrere tausend Buchtitel veröffentlicht. Autoren veröffentlichen in wenigen leichten Schritten gedruckte Bücher, e-Books und audio-Books. tredition hat das Ziel, die beste und fairste Veröffentlichungsmöglichkeit für Autoren zu bieten.

tredition wurde mit der Erkenntnis gegründet, dass nur etwa jedes 200. bei Verlagen eingereichte Manuskript veröffentlicht wird. Dabei hat jedes Buch seinen Markt, also seine Leser. tredition sorgt dafür, dass für jedes Buch die Leserschaft auch erreicht wird.

Im einzigartigen Literatur-Netzwerk von tredition bieten zahlreiche Literatur-Partner (das sind Lektoren, Übersetzer, Hörbuchsprecher und Illustratoren) ihre Dienstleistung an, um Manuskripte zu verbessern oder die Vielfalt zu erhöhen. Autoren vereinbaren direkt mit den Literatur-Partnern die Konditionen ihrer Zusammenarbeit und partizipieren gemeinsam am Erfolg des Buches.

Das gesamte Verlagsprogramm von tredition ist bei allen stationären Buchhandlungen und Online-Buchhändlern wie z. B. Amazon erhältlich. e-Books stehen bei den führenden Online-Portalen (z. B. iBookstore von Apple oder Kindle von Amazon) zum Verkauf.

Einfach leicht ein Buch veröffentlichen: **www.tredition.de**

Eigene Buchreihe oder eigenen Verlag gründen

Seit 2009 bietet tredition sein Verlagskonzept auch als sogenanntes "White-Label" an. Das bedeutet, dass andere Unternehmen, Institutionen und Personen risikofrei und unkompliziert selbst zum Herausgeber von Büchern und Buchreihen unter eigener Marke werden können. tredition übernimmt dabei das komplette Herstellungs- und Distributionsrisiko.

Zahlreiche Zeitschriften-, Zeitungs- und Buchverlage, Universitäten, Forschungseinrichtungen u.v.m. nutzen diese Dienstleistung von tredition, um unter eigener Marke ohne Risiko Bücher zu verlegen.

Alle Informationen im Internet: **www.tredition.de/fuer-verlage**

tredition wurde mit mehreren Innovationspreisen ausgezeichnet, u. a. mit dem Webfuture Award und dem Innovationspreis der Buch Digitale.

tredition ist Mitglied im Börsenverein des Deutschen Buchhandels.

Dieses Werk elektronisch lesen

Dieses Werk ist Teil der Gutenberg-DE Edition DVD. Diese enthält das komplette Archiv des Projekt Gutenberg-DE. Die DVD ist im Internet erhältlich auf **http://gutenbergshop.abc.de**

Zeitfracht Medien GmbH
Ferdinand-Jühlke-Straße 7
99095 Erfurt, Deutschland
produktsicherheit@kolibri360.de